의롭고
당당한

함평
역사
이야기

일러두기

- 이 책은 전문 서적이 아니어서 독자들이 편히 읽을 수 있도록
  각주를 달지 않고 참고문헌을 통해 그 출전(出典)을 밝혔다.
- 고고학 용어는 주로 「한국민족문화대백과사전」의 표기와 정의, 해석을 따랐다.
- TV 프로그램의 제목은 『 』, 출판물의 제목은 「 」,
  예술 작품의 제목은 〈 〉로 표기했다. 시리즈 방송물 및 출판물의 소주제 항목은
  작은따옴표로 구별해 표기했다.

의롭고
당당한

함평 역사 이야기

남성우 지음

012 서문
함평의 당당한 역사, 의로운 역사

018 추천사
역사 프로그램의 역사를 만든 역량,
함평의 역사로 이어지다
신병주 건국대 사학과 교수

제1부 고대 함평

026 함평에서는 언제부터 사람이 살았을까?
    027 늦잡아도 4만 년 전에는
           사람이 살았다
    031 고기를 잡으러 바다로 가자
    034 함평은 살기 좋은 곳이었다
    038 주포에 세워진 척화비

043 고인돌시대, 함평은 역동적이었다
    044 1,000여 기의 고인돌이
           함평에 있었다

049　고인돌은 말한다
054　함평의 고인돌을 찾아서

060　한국 청동기문화를 대표하는
　　　나산 초포리 유물
063　마을 일 하다 발견한 유물
069　귀신을 부르는 청동방울

072　함평은 야외 고분 박물관
074　사다리꼴의 만가촌고분군
084　피라미드 모양의
　　　금산리 방대형고분
091　전통 악기 장구 모양의 장고분
115　함평 고분, 함평의 당당한 역사를
　　　말하다

122　함평에는 몇 개의 마한 소국이 있었을까
123　대한민국과 마한
124　마한 이야기
126　2-3개의 마한 소국이 함평에 있었다
130　마한시대 함평 중랑마을 이야기
135　마을에는 대장간도 있었다

제2부 삼국-고려시대의 함평

140   마한, 백제 그리고 함평
       144   함평, 백제의 두 개 현縣으로

146   함평에 김유신이 왔었다? ―
       신라 흥무왕 유허비
151   가을에 더욱 아름다운 절, 용천사

158   그 이름이 심상찮은 군유산 君遊山
       162   왕건, 군유산에 머물다

166   팔려나갈뻔 했던 석불 石佛 ―
       고려시대의 불교 유물
       168   사연 많은 해보리 석불입상
       171   고산사지 마애여래좌상
       172   손불 사기봉 마애불

174   함평의 유일한 보물, 고막천 석교 古幕川 石橋

179   함평에서도 고려청자 高麗靑瓷 를 구웠다

제3부 조선시대의 함평

188 함평, 함평천지

191 소부 허유 문답하던 기산과 영수, 함평에 있다

198 함평 최고의 교육기관, 향교

207 다섯 번이나 헐린 자산서원
- 208 호남 유림의 종장, 곤재 정개청
- 213 정개청, 정여립 모반 사건에 연루되다
- 214 당쟁의 소용돌이 한가운데에 있었던 자산서원
- 217 예송논쟁 禮訟論爭, 환국정치 換局政治, 장희빈 그리고 자산서원
- 220 「우득록」은 말한다

224 호남을 지킨 함평 의병, 왜란과 함평
- 225 호남을 지킨 함평 의병
- 229 일충 오효 이열 一忠 五孝 二烈

- 232 정절을 지키고자 바닷물에 뛰어든 여인들
- 235 충무공을 제향하는 월산사

238 함평농민들, 항쟁의 깃발을 들다
- 239 농민들, 들고일어나다
- 241 전남에서 가장 먼저 일어난 함평농민항쟁
- 246 요구사항 전하며 자수한 항쟁 지도자들

248 함평의 동학 농민들, 혁명의 대열에 앞장서다
- 250 함평의 동학
- 251 농민의 자치기구, 함평의 집강소
- 255 수군절제사가 함평 농민군을 이끌다
- 260 전봉준 아들, 함평에 묻히다

제4부 근·현대의 함평

270 호남 의병을 이끈 함평 의병
   271 항일정신의 상징, '삼성 삼평'
   275 전라도 의병 활동, 함평 의병이 주도하다
   276 죽봉 김태원, 김율 형제 의병장
   280 호남 마지막 의병장, 남일 심수택 南一 沈守澤
   284 역사를 기억하려는 함평

287 더 거세게 일어난 함평의 3·1운동 1주년 만세운동
   289 거군적으로 일어난 3·1운동 1주년 만세운동
   290 함평이 기억하는 3·1운동

294 함평에는 상해 임시정부 청사가 있다
   298 일강 김철과 대한민국 임시정부
   301 단심송 丹心松 의 슬픈 사연

305 　한국 농민운동의 새 장을 연 함평 고구마
　　　피해보상투쟁
　　　306 　고구마를 심으세요
　　　310 　농민들, 보상투쟁에 나서다
　　　312 　함평 고구마, 전국적인 이슈가 되다
316 　군 단위 최고의 명문, 학다리고등학교
　　　318 　함평 군민들이 세운 민립사학
　　　322 　학다리고등학교는 명문일 수밖에
　　　　　　없었다

326 　함평, 나비축제로 또다시 역사를 쓰다
　　　328 　모두 함께 나비가 되어
　　　331 　웬 나비축제? 그러나 성공했다

338 　참고문헌

목차

함평의 당당한 역사, 의로운 역사

월야면 예덕리 만가마을 서쪽 평탄하고 낮은 구릉에
'만가촌고분군 古墳群'이 있습니다. 이 책을 쓰게 한
함평의 역사유적입니다. 40여 년의 객지생활 후 고향인
함평으로 귀촌한 2015년 봄, 만가촌고분들을 보고 많이
놀랐습니다. 크기에 놀랐고, 모양에 놀랐고, 숫자에
다시 한번 놀랐습니다. 높지는 않으나 길이가 60m 넘는
것도 있고 모양은 대부분 사다리꼴입니다. 14기의
크고 작은 고분이 밀집해 있습니다. 혈연 관계로 이루어진
이 지역 최고 지배계층의 묘지로 보입니다. 이때부터
함평의 고분을 찾아 나섰습니다.

함평에는 고분이 많습니다. 51개의 유적지에서 204기의
고분이 확인되었습니다. 모양도 다양합니다. 그래서
함평을 '야외 고분 박물관'이라고 말하는 학자들도
있습니다. 주로 마한 馬韓 시대의 것으로 보이는
이 고분들은 이곳 함평의 당시 역사를 말해줍니다.
당당하고 진취적이며 개방적인 역사입니다. 그것을
말하고 싶어 이 책을 썼습니다.

지금은 '나비'로 함평을 모르는 사람이 거의 없습니다만
전에는 함평을 아는 사람이 많지 않았습니다. 그런데도
고향이 함평이라고 하면 각별히 관심을 보이는 사람들이

있었습니다. 그들은 '삼성 삼평三城三平'을 말하면서
함평의 의병義兵을 얘기했고 '함평고구마사건'을
말하면서 한국의 농민운동을 얘기했습니다. '의義로운
함평의 역사'입니다. 고향인 함평이 자랑스러웠습니다.
함평에 돌아와 살면서 더욱 뿌듯해진 그 기억들도
이 책을 쓰게 했습니다.

저는 TV 다큐멘터리 피디 PD 였습니다. 대표 프로그램은,
KBS에서는 처음으로 광주민주화운동을 다룬
『다큐멘터리 – 광주는 말한다』1989년 3월 8일 방영 입니다.
방송되던 그 시간 "광주거리가 한산했다"는 보도와
"80년 5월 광주의 실체적 진실에 접근이 돋보였다"는
평가는 지금도 가슴 벅찬 기억으로 남아 있습니다.
　　1993년에 책임 PD CP 가 됐습니다. 책임 PD는
프로그램을 기획하고 제작진을 지휘하면서 내용뿐만
아니라 예산 등 프로그램 제작의 전 과정을 관리합니다.
국장이 되기 전까지 10여 년 동안 책임 PD였습니다.
그 10년 내내 회사는 저에게 '공영방송에서만 할 수
있는 역사 다큐멘터리를 정규 프로그램으로 제작하라'고
했습니다. 6개의 정규 프로그램을 연이어 제작했습니다.
우리 방송에서는 현대사를 다룬 첫 정규 프로그램인
『다큐멘터리극장』을 시작으로 『역사의 라이벌』

『역사추리』『TV조선왕조실록』『역사스페셜』 등을
제작했습니다. 모든 프로그램들이 좋은 평가를
받았습니다만 5년 넘게 방송된 『역사스페셜』은
지금도 저의 자부심입니다. '나무위키'에 소개된
『역사스페셜』을 설명한 내용의 일부입니다.

"『역사스페셜』은 한국사 관련 다큐멘터리 계열에서는
실로 넘사벽의 위상을 자랑한다. 중략 그야말로 본격
역사 교양물이라 할 수 있으며 종영 이후로도
이 프로그램에 비견할 만한 역사 관련 프로그램은
흔치 않다. 한국의 역사에 대해 별로 관심이 없던
일반 대중들에게 있어 한국사에 대한 관심을 끌어올리는
데에 지대한 공헌을 하였다."

역사 프로그램을 만들면서 늘 같은 생각을 했습니다.
시청자들이 우리 역사에 관심을 갖도록 하자는
것이었습니다. 또 하나는 우리 역사에 대해 자부심을
갖도록 하자는 것이었습니다. 그렇게 함으로써
역사를 우리 사회 구성원들이 공유하는 기억으로,
상식으로 그리고 자부심으로 만드는 데 기여하고자
했습니다.
    같은 생각으로 이 책을 썼습니다. 함평 사람들이

이 책으로 함평의 역사에 관심을 갖고 함평의 역사에
자부심을 가졌으면 합니다.

TV PD는 영상으로 메시지를 전합니다. 문자는 영상을
보완하는 수단이지요. 글보다는 영상에 익숙한 제가
책을 쓰는 것은 쉬운 일이 아니었습니다. 많은 선행연구가
있어 가능했습니다. 2010년에 발행된 「함평군사」 1권이
가장 큰 도움이 됐습니다. 군사에 쓰여진 함평 역사에는
고인이 된 향토사학자 이현석 선생의 함평 역사에 대한
사랑과 열정이 가득했습니다. 뵌 적은 없지만 그의
함평 역사에 대한 사랑과 열정은 책을 쓰는 내내 저에게
힘이 되었습니다.

    최근 활발해진 광주·전남 사학자들의 마한시대 연구
성과도 큰 도움이 됐습니다.

책의 제목을 '함평의 역사'가 아닌 '함평 역사 이야기'로
했습니다. 역사서가 아니라 이야기 책입니다.
역사 전문가가 아닌 필자가 역사서를 쓰는 것이 주제넘은
일이기도 하지만 무엇보다도 이야기하듯이 함평의
역사를 말하고 싶었습니다. 역사적 사실뿐만 아니라 제가
경험하고 느낀 것도 말하고 싶었습니다.
그래서 역사 이야기의 소재도 함평에 있는 역사 유물,

유적을 중심으로 했습니다. 잠깐 틈을 내면 가서
보고 확인할 수 있는 유물, 유적들입니다.

책이 나오기까지 많은 분들이 도움을 주었습니다.
책을 쓰기 시작할 때부터 성원해준 친구 |주|한국
스티로폴 김성모 회장, 부족함이 많음에도 기꺼이
추천사를 써준 신병주 건국대 교수에게 감사를 드립니다.
글과 사진을 보기 좋게 편집해 좋은 책을 만들어준
텍스토 편집·디자인팀에게도 감사를 드립니다.

고향인 함평에 귀촌을 함으로써 이 책을 쓸 수
있었습니다. 귀촌은 도시에 사는 남자들의 로망입니다.
그런데도 그렇게 하지 못하는 가장 큰 이유는 아내들의
동의를 구하기가 어렵기 때문입니다. 남편의 귀촌 결정을
선뜻 동의해준 사랑하는 아내에게 감사를 드립니다.
그리고 생각만 해도 기분이 좋아지는 손주들 예원, 유하,
예진, 희현, 유이, 이 아이들에게 이 책이 할아버지의
의미 있는 선물이 되기를 바랍니다.

2024년 7월
함평 주포한옥마을에서
남성우

역사 프로그램의 역사를 만든 역량,

함평의
역사로 이어지다

신병주 건국대 사학과 교수

남성우 본부장님과 필자와의 인연은 30여 년 전 필자가 서울대학교 규장각한국학연구원에서 연구원으로 일하면서 시작되었다. 당시 남 본부장님은 1989년 KBS 다큐멘터리『광주는 말한다』를 제작한 데 이어, 『다큐멘터리 극장』『역사의 라이벌』『역사추리』등의 프로그램을 기획하고 책임을 맡으면서 역사 프로그램 하면 본부장님을 떠올릴 만큼 중요한 역할을 하고 계셨다. 이 무렵 본부장님께서는 상대적으로 주목을 받지 못하던 조선시대 역사의 대중화에도 깊은 관심을 보이셨다.「조선왕조실록」의 번역이 완료되고, 번역본을 담은 CD롬이 제작된 것도 큰 힘이 되어『TV 조선왕조실록』이 방송을 타게 되었다. 본부장님은 조선시대 자료를 가장 많이 보유하고 있는 기관인 서울대학교 규장각에 자문을 구했고, 이 과정에서 필자는 본격적으로 자문에 참여하였다. 본부장님과의 인연이 시작된 것이었다.『TV 조선왕조실록』이 조선시대에 대한 대중적인 관심을 끌어낸 후 기획된 『역사스페셜』은 KBS뿐만 아니라, 전 방송사를 대표하는 역사 프로그램으로 자리를 잡게 되었다. 필자는 『역사스페셜』의 조선시대 관련 자문에 참여하면서 계속 인연을 이어갔고, 이것이 계기가 되어 2013년 10월에 시작된『역사저널』에도 출연하게 되었다. 필자가 역사

대중화에 미력이나마 기여할 수 있었던 것에는 30대 초 젊은 학자의 가능성을 알아보시고, 프로그램 자문을 맡겨주신 본부장님의 믿음과 배려가 큰 힘이 되었음은 분명한 사실이다.

KBS 퇴직 후 본부장님은 언론과 역사 분야 관련 일을 하시다 고향인 함평으로 낙향하셔서 한옥마을에 자리를 잡으셨다. 함평의 역사와 문화에 흠뻑 취하여 보람 있는 날들을 보낸다는 소식을 들었고, 역시 출처가 분명하신 분이라는 생각을 했다. 부지런하게 지역을 답사하고, 책을 쓰는 활동을 이어가셨고, 마침내 고향에 대한 깊은 애정과 성실성이 결실을 맺었다. 함평의 역사 이야기를 완성하신 후 과분하게도 필자에게 추천사를 부탁하셨다. 역사라는 키워드로 30년 가까이 서로 인연을 맺은 만큼, 부족하지만 최선을 다해 써 보겠다고 했다. 함평 하면 가장 떠오르는 키워드가 '나비 축제'이고, 대학 시절 함평 고구마 사건을 다룬 책을 읽은 기억이 있지만, 함평에 대해서는 최근 다수의 고분이 발견된 사실과 조선 중기 유학자 정개청 이외에는 별다른 지식이 없었다.

일단 책을 펼치니 시대별로 함평의 역사를 개관할 수

있는 소제목이 눈에 들어왔다. 함평의 역사를
소제목만으로도 파악할 수 있게 구성하신 것을 보고
얼마나 책에 공을 들였는지 바로 확인할 수 있었다.

1부는 '고대 함평'으로 함평 역사의 시작을 다루고 있다.
함평에 넓게 분포하고 있는 고분군과 함께 우리 역사에서
잊힌 '마한' 역사의 중심에 함평이 있음을 소개하고 있다.
2부에서는 삼국시대에서 고려시대까지의 함평 역사를
다루었다. 김유신 장군과 함평과의 인연, 함평에서도
고려청자를 구운 사실 등 흥미진진한 내용들로 구성되어
있다. 3부는 조선시대 함평의 역사 이야기들이다.
다섯 번이나 헐렸던 정개청의 자산서원, 호남을 지킨
함평 의병, 동학혁명과 함평 등에 관한 이야기에서는,
전체 제목처럼 왜 함평이 '당당하고 의로운 함평'인지를
구체적인 역사적 사실을 통해 풀어나가고 있다.
4부는 근·현대의 함평 역사이다. 항일의병, 함평과
3·1운동, 함평에 있었던 대한민국 임시정부 이야기에
이어, 한국 농민 운동의 새 장을 연 함평 고구마피해
보상투쟁 등 근현대 시대를 바꾸는 운동에 적극 참여했던
함평의 모습을 담았다. 최근 함평이라는 도시의 브랜드
가치를 크게 높이고 있는 나비축제에 대한 뒷이야기를
마지막으로 글을 맺고 있다.

'대전으로 시집 간 고인돌' '김유신 장군이 함평에 왔다?'
'그 이름이 심상찮은 군유산' '소부 허유 문답하던
기산 영수, 함평에 있다' '함평에는 상해 임시정부 청사가
있다' '웬 나비 축제, 그러나 성공했다' 등과 같이
독자들의 호기심을 불러일으키는 제목을 더해 거의
평생을 역사 프로그램의 대중화에 힘써온 본부장님의
내공을 그대로 접할 수가 있다. 선사시대 고분군에서
시작하여, 1999년 5월 제1회 나비축제 현장 등
직접 현장 답사를 바탕으로 탄탄하게 준비한 글과
도판들은 함평의 역사를 보다 생동감 있게 접할 수
있도록 한다. 특히 함께 실린 도판들은 이 책이
대중서로 널리 읽힐 수 있게 하는 데 큰 도움을 줄 것으로
보인다. 전체적으로 '함평 역사 이야기'는 역사의 변화
속에 함평이 어떤 모습으로 존재했는지가 편안하게 눈에
들어오는 구성으로, 최근 역사 대중화의 새로운 경향으로
떠오르고 있는 지역사와 미시사 연구에도 일정한
기여를 할 것으로 기대된다.

남 본부장님은 역사 프로그램의 대중화라는 분야에서
중요한 업적을 이룬 후에 귀촌을 하셨다. 쉽지 않은
결정을 한 후에는 고향인 함평의 역사와 문화를 알리는
작업에 매진하였고, 이번에 '함평 역사 이야기'로

그 결실을 보았다. 방송이 아닌 책이라는 통로를 통해 독자들과의 또 다른 만남을 시도한 것이다. 이 책이 지역의 역사와 문화를 알리는 좋은 전범이 되어, 곳곳에 숨어 있는 각 지역의 이야기들이 널리 확산되는 데 중요한 추진력이 되었으면 한다.

제1부

고대 함평

함평에서는 언제부터 사람이 살았을까?

역사 이야기는 사람들이 남긴 삶의 흔적으로부터 출발한다. 함평의 역사 이야기도 함평이란 땅에서 살았던 사람들이 남긴 흔적이 품고 있는 이야기다.

함평에서는 언제부터 사람이 살았을까? 어느 지역에 언제부터 사람이 살기 시작했는지 분명하게 알 수 있는 곳은 거의 없다. 대개는 기록으로 알려진 것보다 훨씬 먼 옛날부터 사람이 살았을 것이라고들 추측만 하곤 한다. 혹 선사시대 유물이라도 발견되면 적어도 그때부터는 사람이 살고 있었다고 말할 수 있을 뿐이다. 그러나 선사시대의 흔적을 찾아내는 일이 쉽지 않아서 어느 지역에서 '언제부터 사람이 살았을까' 하는 것은 답하기 어려운 질문이다.

늦잡아도 4만 년 전에는 사람이 살았다

구석기시대의 유물들은 함평에서도 발견되었다. 특히 함평만을 따라 형성된 손불면 석창리 대발, 해창, 석계마을에서 구석기시대의 것으로 보이는 찌르개, 긁개 등의 석기石器가 한두 점씩 수습되었다. 수습 유물이 워낙 소수여서 본격적인 조사는 이루어지지 못했다.

다행히 서해안고속도로가 건설되면서 고속도로 통과 지점을 중심으로 대대적인 조사·발굴이 진행되었다. 1999년 목포대학교 박물관팀이 고속도로가 통과할 함평지역을 조사·발굴했다. 조사팀은 함평읍 장년리 당하산 아래에서 구석기시대 문화층을 찾아냈다. 문화층은 사람이 살았던 흔적이다. 함평읍 진양리 양림 삼거리에서 주포로 가는 길을 따라가다 보면 서해안고속도로와 만난다. 함평환경센터 부근이다. 바로 이곳에서 구석기시대 문화층을 찾아낸 것이다.

다수의 뗀석기도 출토되었다. 어떤 곳에서는 격지 등 뗀석기 80여 점이 한꺼번에 확인되기도 했다. 격지는 돌덩어리몸돌를 의도적으로 깨트려 떼어 낸 돌조각이다.

뗀석기는 구석기시대의 것이다. 뗀석기는 지구상에 등장한 사람들이 돌을 깨트려 사용했음을 보여주는 것으로, 지금까지 남아 있는 인류 최초의 도구다. 약 250만 년 전부터 1만 년 전까지 이 도구를 사용했으며, 이 시기가 바로 구석기시대다. 실은 인류 역사의 대부분이 구석기시대인 셈이다.

발굴팀은 이곳의 뗀석기들을 중기 구석기시대와 후기 구석기시대의 도구로 규정했다. 중기 구석기시대는 대체로 10만 년 전에서 후기 구석기시대가 시작되는

멀리 함평만의 바다와 구주포마을 등이 보이는 이곳은
현재 함평환경센터 부근이다. 1999년 발굴 당시의 모습.
ⓒ 목포대학교 박물관

당시 발굴된
중기 구석기시대의
석기들(위)과
후기 구석기시대
석기들(아래).
ⓒ 목포대학교 박물관

4만 년 전후까지를 말한다. 그로부터 신석기시대가
시작하는 1만 년 전까지는 후기 구석기시대다. 그러니까
함평에서는 늦잡아도 4만 년 전부터 사람이 살았다.

    4만여 년 전이면 지금의 인간과 같은 모습의
'슬기슬기사람 호모 사피엔스 사피엔스'이 등장한 시기다. 인간의
생물학적 진화가 마무리된 시기이기도 하다.

    이때 살았던 사람들의 삶이 어떠했는가를 알 수
있는 유적이 충청북도 청원군 문의면 두루봉에서
발견되었다. 이곳에서 4만여 년 전의 사람으로 추정되는
인골이 발견되었다. 동아시아에서는 유일하게 전신이
완전한 형태로 발견된 구석기시대 사람이었다. 키가
120cm 정도 되는 어린아이였다. 이 아이는 처음 발견해
제보한 김흥수 씨의 이름을 따 '흥수아이'라 부른다.
그런데 흥수아이 주변 흙을 채취하여 분석해보니 가슴뼈
부분에서 집중적으로 많은 양의 꽃가루가 나왔다.
국화과 꽃의 꽃가루였다. 아이를 매장할 때 국화꽃을
뿌리면서 죽음을 애도했던 것으로 보인다.

    4만여 년 전의 구석기인들은 지금의 우리와는 크게
달랐다. 그러나 우리가 일반적으로 생각한 것보다는 훨씬
더 우리와 닮았다.
인간은 도구를 사용함으로써 만물의 영장이 될 수
있었다. 처음에는 나무로 만든 도구를 썼다. 손쉽게 구할

수 있는 나뭇가지나 막대기로 열매를 따고 짐승을 잡기도 했다. 돌은 훨씬 유용했다. 용도에 따라 편리한 자연석을 골라 쓰다가 차츰 돌을 깨트려 쥐거나 찌르는 데에 알맞은 모양을 만들어 사용했다. 그때 사용했던 돌들이 지금까지 남아 있어 먼 옛날 인간이 어떻게 살았는지를 말해준다. 바로 석기시대의 유물이다.

구석기시대의 뗀석기는 큰 돌에서 떼어 내거나 깨트려 만들었다. 그래서 '뗀석기'라는 이름이 붙었다. 예전에는 타제석기打製石器라 했다. 손에 쥐고 사용한 돌도끼인 주먹도끼는 찍는 날과 자르는 날을 모두 가진 만능 도구였을 것이다. 사냥을 하고 열매를 따고 물고기를 잡아 수렵 狩獵, 채취 採取, 어로 漁撈 먹을거리를 구했던 구석기인들에게 주먹도끼, 긁개, 슴베찌르개 등의 뗀석기는 정말 유용한 도구였을 것이다.

고기를 잡으러 바다로 가자

같은 곳에서 신석기시대의 것인 간석기 마제석기 磨製石器 들도 함께 발굴되었다. 떼어 낸 돌을 갈아서 더 날카롭게 만들었다. 손잡이 부분을 갈아 다듬어서 손으로 쥐기에 훨씬 편하게 만들었다. 그러나 뗀석기를

위부터 당시 발굴된 집터로 보이는 흔적,
신석기시대 석기들, 신석기시대 토기 파편들.
ⓒ 목포대학교 박물관

사용하다가 간석기를 사용하기까지는 수만 년이 걸렸다. 같은 곳에서 뗀석기, 간석기가 발굴되었지만 구석기인들이 계속 이곳에 살면서 도구를 발전시켰는지 아니면 새로운 신석기인들이 옮겨와 살았는지는 알 수가 없다.

신석기인들은 먹을 것을 찾아 이동하면서 살았던 구석기인들과는 달리 집을 짓고 마을을 이루며 정착해 살기 시작했다. 신석기시대에는 인류 최초의 혁명이라고 할 수 있는 '농경'과 '목축'이 시작되었다. 밭농사이긴 하지만 씨를 뿌려 곡식을 거두었고 사냥감이었던 동물 중 일부를 기르기 시작했다. 빙하기가 끝나서 날씨 또한 전보다 따뜻해졌다. 그러나 먹거리는 여전히 부족했다.

이즈음에 와서는 산짐승이나 들짐승 사냥보다는 물고기잡이의 비중이 더 커졌다. 강이나 바닷가에서 물고기를 잡는 것이 짐승들을 사냥하는 것보다 위험이 덜하고 손쉽기도 했다. 신석기인들이 주로 살았던 곳이 강가나 바닷가였음이 이를 잘 보여준다. 함평 장년리 당하산에서 발굴된 유물과 유적 역시 이를 증명한다.

이 유물들이 발굴된 곳은 함평만 상류 저습지 바로 위 구릉이다. 지금의 주포에서 해수찜으로 잘 알려진 손불면 신흥마을까지 해안 제방을 쌓기 전이니 그 땅 바로 아래에까지 바닷물이 들어왔을 것이다.
바닷물이 들락거리는 갯벌에는 고기와 조개 등 해산물이
많았다.

아주 먼 옛날 석기인들에게 함평만은 소중한
삶의 터전이었다. 밀물에는 물고기를 잡고 썰물에는 조개
등을 채취할 수 있으니 터 잡고 살기에는 더없이 좋은
곳이었다. 아마도 더 세련된 간석기를 사용해 고기를
잡고 조개를 캤을 것이다.

이 시기에 토기도 만들어진다. 빗살무늬 토기가 바로
이 시기에 만든 것이다. 팽이처럼 생긴 이 토기에 곡식을
넣고 반쯤을 땅속에 묻었던 것으로 보인다.
주거의 형태는 땅을 1m쯤 판 반지하 움집으로,
방 가운데에 있는 화덕자리 흔적을 통해 난방과 식사를
위한 화덕을 만들어 불을 피웠음을 알 수 있다.
함평 장년리에서도 이를 설명할 수 있는 유물, 유적이
발굴되었다.

함평은 살기 좋은 곳이었다

지금도 그렇지만 함평은 먼 옛날 사람들이 살기에 참으로

오른쪽 동그라미 부근이 유물 발굴지이며,
왼쪽에 동그라미로 표시한 부분이 1920년대에 만든 제방이다.
이 제방이 축조되면서 넓은 논이 생겼다.
그전에는 발굴지 부근까지 바닷물이 들어왔다.

함평은 전라남도 서북부에 위치하며 서해와 맞닿아 있다.
그 바다가 함평만이다.

좋은 곳이었다. 함평은 전라남도 서북부에 위치하며 서해에 닿아 있다. 그 바다가 함평만이다.

함평만은 함평군 함평읍과 손불면, 무안군 현경면과 해제면, 영광군 염산면에 둘러싸여 있고 북서쪽으로 좁게 열린 만이다. 큰 태풍이 와도 남쪽의 현경면과 해제반도가 있어 크게 영향을 받지 않는 바다다. 전남 서해안의 여러 섬과 육지를 잇는 교통의 관문이기도 했다.

지금의 해안은 간척지가 넓게 조성되어 굴곡이 단조롭지만 전에는 드나듦이 복잡한 해안이었다. 침수해안 沈水海岸 으로 간만의 차가 심해 갯벌과 수렁이 물에 잠겼다 드러나곤 했다. 동굴을 벗어난 석기인들이 보다 안정적으로 먹을 것을 구할 수 있어 찾아올 만한 곳이다. 석기시대 문화층 유물이 있어 과거의 문화를 이해하는 데 도움이 되는 지층 地層 이 발견된 곳도 바로 함평만 해안이다.

함평의 지형은 비교적 평탄하다. 산들은 노령산맥의 가지 능선이 뻗어 내린 것으로 구릉성 산지다. 그 사이를 영산강 지류가 흐른다. 함평천과 고막천이다. 이 두 개의 천을 따라 넓은 들판이 펼쳐진다. 먼 옛날 농사를 짓기 시작한 사람들이 살기에 좋은 곳이었다.

실제로 함평의 역사 이야기는 이 두 개의 천을 따라

시작한다고 해도 과언이 아니다. 군유산에서 발원한 함평천은 신광면의 신광천과 합하여 대동저수지를 이루고, 남으로 흘러 대동천과 합하여 함평읍, 학교면, 엄다면을 거쳐 영산강에 합류한다. 함평천을 따라 들판이 있고 그중에서도 신광 복흥리, 대동 금산리, 엄다 성천리 부근의 들판은 평야라고 불릴 만큼 넓다.

고막천은 함평의 동쪽에서 남북으로 흐르는 하천으로 일부 구간에서는 나주와 경계를 이루기도 한다. 장성군 삼서면에서 발원하여 월야면 정산리로 흘러 월야면과 해보면의 경계를 이루며 하천은 점점 커지고 나산면을 거쳐 학교면 석정리 석관정 나루터에서 영산강과 합류한다. 고막천변의 월야면 정산리, 용월리, 해보면 문장리, 나산면 초포리 등의 평야가 넓다.

함평천과 고막천 주변 들판의 동서쪽 산과 구릉에는 고인돌, 고분 등의 유물이 분포되어 있다. 함평의 역사 이야기를 풍성하게 해주는 소중한 유산이다.

주포에 세워진 척화비

다시 함평만으로 돌아와보자. 함평만의 대표적 항구는 주포 酒浦 다. 앞에서 얘기한 대로 함평만은 조석간만의 차가 크고 해안선의 굴곡이 심해 항만이 발달하지 못했으나 함평의 주포는 꽤 큰 항구였다. 함평의 유일한 해상 교통로이자 서해에서 잡은 어물의 집산지로 널리 알려진 포구다. 옛 기록에 함평의 포구로 굴내포屈乃浦, 산내포山乃浦 등이 나오는데 모두 주포를 말한다. 지역 이름에 '술 주酒' 자가 들어간 경우가 거의 없는데 이곳은 그렇게 불릴 만큼 사람들의 왕래가 많았던 포구였다.

옛날 주포가 대단한 항구였음을 말해주는 증거가 함평읍 함평공원에 있다. 함평공원 입구 부근에 함평 현청, 지금의 군청 근처에 있었던 옛 비석들을 모아놓은 곳이 있다. 대부분은 현감 등의 공적비다. 그 끝에 작지만 역사책에서 많이 보아 익숙한 비석이 있다. 바로 척화비斥和碑다. 원래는 주포에 있었던 것이 군청 부근으로 옮겨졌다가 이곳으로 왔다.

척화비는 조선 고종 때 문호 개방을 반대하던 흥선대원군이 서양과의 교류 및 접촉을 금지하고 서양의 침범에 싸우지 아니하고 화친을 주장하는 것은 나라를 파는 것과 같다는 뜻으로 전국 각지에 세웠던 비석이다. 한양의 종로 네거리를 비롯한 도시의 중심가, 큰 항구 등 사람들이 많이 오가는 곳에 세웠다. 주포도 척화비를 세울 만큼 배와 사람이 많이 드나들던 포구였다.

척화비는 대원군 실각 후 문호가 개방되고 뒤이어 일본이 이 땅을 지배하면서 철거되어 버려지거나 매장되었다. 함평의 척화비도 매장되었다가 후에 발견되어 군청으로 옮겨 왔으나 기록이 없어 더 자세한 것은 알 수가 없다. 전남에서는 유일하게 함평에만 남아 있는 척화비다. 비문은 다음과 같다.

攘夷侵犯 非戰則和 主和賣國 양이침범 비전즉화 주화매국
戒我萬年子孫 丙寅作 辛未立 계아만년자손 병인작 신미립

서양 오랑캐가 침범하는데
싸우지 않음은 곧 화친을 주장하는 것이요
화친을 주장하는 것은
곧 나라를 파는 것이다.

우리 자손만대에 경고하노라
병인년 1866년 에 만들고 신미년 1871년 에
세우다.

함평읍 함평공원에 있는 척화비.
전라남도 문화재자료 제176호.

뗀석기의 종류와 쓰임새

1 — 찍개
석재의 한쪽 편만 떼어 내 날을 만든 몸돌 석기다. 사냥한 짐승을 찍어서 토막 내거나 단단한 뼈를 부순다든지 나무를 찍는 등 주로 거친 작업에 쓰였다.

2 — 주먹도끼
일반적으로 끝은 뾰족하나 손으로 쥐는 부분은 뭉툭하여 편하게 쥐고 사용할 수 있도록 만든 도끼 모양의 석기로, 짐승 사냥이나 도살, 나무나 뼈의 가공 등 여러 가지 목적에 쓰였다.

3 — 밀개
격지나 돌날의 한쪽 끝을 손질해서 날을 만든 석기로, 날의 각도가 커서 나무껍질, 짐승의 가죽 등을 벗기거나 깎는 데 쓰였을 것이다.

4 — 긁개
강자갈 등의 격지를 손질한 것으로, 날의 각도가 크지 않은 것으로 보아 짐승의 가죽이나 나무껍질 등의 대상물을 얇게 벗기는 데 사용되었을 것으로 추정된다.

5 — 주먹찌르개
주로 길쭉한 자갈돌의 한끝에 뾰족한 날을 만들고 반대쪽 손잡이 부분은 대체로 자연 면이 그대로 남아 있도록 한 석기로, 짐승 사냥이나 도살용 연모 혹은 식물 뿌리를 캐기 위한 용도로 사용되었을 것이다.

6 — 슴베찌르개
돌날을 다듬어 한쪽 끝을 뾰족하게 만들고 반대쪽은 잔손질을 해 자루에 꽂아 창처럼 쓸 수 있도록 했다. 화살촉과 같은 기능을 가진 사냥 도구로 보이며 주로 후기 구석기시대에 널리 쓰였다.

고인돌시대,

함평은
역동적이었다

함평에는 고인돌이 많다. 지금도 함평에서는 쉽게 고인돌을 볼 수 있다. 밭 가운데에 몇 기가 모여 있기도 하고 어느 마을 옆 구릉에는 20-30기가 무리지어 있기도 하다. 향교 마당 한켠에도 있고 초등학교 교문 옆에도 있다. 자리를 옮겨 복원된 것들도 있다.

1,000여 기의 고인돌이 함평에 있었다

고인돌은 신석기시대 끝 무렵에 등장해 청동기시대에 성행했던 무덤이다. 그런데 함평에는 왜 고인돌이 많을까? 함평의 고인돌 분포를 보면 그 답을 알 수 있다. 함평의 고인돌은 대부분 함평천과 고막천이 흐르는 들판 주변의 구릉이나 야산에 있다. 함평천을 따라 대동, 함평에 40%, 고막천을 따라 월야, 해보, 나산에 58%, 함평만 근처에 2% 비율로 분포되어 있다.

고인돌이 있었던 곳에서 멀지 않은 곳에 마을이 있었을 것이다. 물이 좋은 들판을 가까이 두고 집터로 좋은 산 아래에 촌락을 이루었을 것이다. 함평에 살았던 청동기인들은 주로 바다에서 먹을거리를 구했던 석기시대를 지나 본격적으로 물이 좋은 들판에서 농사를 지으며 살았다. 고인돌이 많다는 것은 그만큼 농사를

함평읍 기산초등학교 교문 옆에 있는 고인돌(위)과
향교의 담장이 된 고인돌(아래).

지으며 산 사람이 많았다는 이야기다. 그것은 또 주변 환경이 많은 사람이 살기에, 농사짓기에 적합했다는 뜻이기도 하다. 그 시기 함평은 매우 역동적인 땅이었다.

한반도는 고인돌 왕국이다. 세계 고인돌의 40%인 4만여 기가 한반도에 있다. 그중 절반인 2만여 기가 호남지역에 있다. 함평에는 1,000기가 넘는 고인돌이 있었다.

함평의 고인돌에 대한 조사는 1982년 이래 여러 차례 있었다. 함평 향토사학자들의 조사도 있었고 목포대학교 박물관이 군의 의뢰를 받아 조사하기도 했다. 종합적인 최근의 조사는 2003년 동신대학교 박물관에 의해서 이루어졌다. 그 결과에 따르면 함평에는 123개 군집에서 603기의 고인돌이 현존 現存 한다. 훼손, 소멸된 것으로 조사된 418기를 더하면 1,000여 기의 고인돌이 함평에 있었다. 해보면 상곡리 운곡마을, 나산면 덕림리 백양마을 등 일곱 곳의 고인돌에 대한 발굴조사도 있었다.

나산면 덕림리 백양마을 고인돌에 대한 발굴조사는 2012년 11월에 있었다. 원래 이곳에는 6기의 덮개돌이 있는 것으로 보고되었으나 2003년 조사에서는 1기만 확인되었다. 그러나 이마저도 인근의 식당으로

나산면 덕림리 백양마을 발굴 현장(위)과 출토 유물(아래).
ⓒ 대한문화재연구원

옮겨져 조경석으로 쓰이고 있었다. 마을주민들의 전언에 의하면 큰 바위가 많이 있었으나 도로 확장 공사 과정에서, 그리고 근처에 민가가 지어지면서 많은 수가 훼손되었다고 한다. 덮개돌이 상당수 있었으나 후대에 훼손되었을 것으로 판단된다. 이곳에서 33기의 고인돌 무덤이 발굴조사되었다. 고인돌 무덤은 모두 덮개돌이 없는 상태로 확인되었으나 일부 무덤은 옮겨간 덮개돌이 얹어져 있었던 것으로 확인되었다.

 돌을 갈아서 만든 간 돌칼 마제석검 磨製石劍, 돌화살촉 석촉 石鏃 등 40점의 유물도 출토되었다. 무덤의 방향은 다른 곳과 마찬가지로 마을 앞 하천의 방향과 같았으며 2-5기 정도가 하나의 군을 이루는 것으로 보아 일정한 단위로 구분해서 묘역을 조성했음을 알 수 있다.

고인돌은 말한다

고인돌은 무덤이다. 시신을 묻고 큰 돌을 덮어 마무리한 것인데 덮개 부분의 큰 돌 덮개돌 을 굄돌 받침돌 로 고였다 해서 붙여진 이름이다. 지석묘 支石墓 라고도 한다. 고인돌은 3,000여 년 전부터 사용된 무덤 양식으로 알려져 있다. 이 시기는 우리나라 최초의 국가라 불리는 고조선의 시대이기도 하다.

    한반도에 있는 고인돌은 시신의 위치와 그 모양에 따라 크게 두 가지로 분류한다. 하나는 'ㅠ' 자 모양의 고인돌이다. 굄돌의 밑부분을 지하에 묻고 그 위에 덮개돌을 잘 다듬어서 얹은 형태로, 탁자형 고인돌이다. 중부 이북 지방에서 주로 발견되어 북방식 고인돌이라고도 한다. 본래는 두 개의 굄돌과 두 판석으로 사각형 모양의 무덤 방을 만들어 시신을 누이고 뚜껑 역할을 하는 덮개돌을 얹어 마무리하는 형태였다. 시신을 지상에 안치하는 방식이다. 판석은 도굴 등으로 사라지고 굄돌만 남아 'ㅠ' 자 모양이 되었다.

    또 하나는 한강 이남에 많은 남방식이다. 지하에 무덤방을 만들고 비교적 낮은 굄돌 4개 위에 덮개돌을 올린 형태로 바둑판형 고인돌이라고도 한다. 굄돌 없이 바로 덮개돌을 얹은 형태도 있다.

고인돌은 청동기시대의 대표적 무덤이다. 무덤은 기록이 없는 먼 선사시대의 이야기를 들려준다. 원래 무덤은 시체를 감추기 위한 것이었다. 무섭기도 하고 비위생적이기도 해 땅에 묻고 표시를 해두려 했을 것이다.

무덤은 또 죽은 자를 위한 공간이자 죽은 자에 대한 애착과 존경을 담아 이를 기리는 곳이었다. 시대가 흐르면서 무덤의 모양이 변하고 껴묻은 부장품들도 다양해진다. 우리는 무덤의 모양과 부장품을 보고 그 시대의 역사를 이야기할 수 있다. 또 한편으로 무덤은 죽은 자와 그 후손들의 권력이나 재력을 과시하는 역할도 했다. 고인돌의 크기도 힘을 과시하는 데 한몫했을 것으로 보인다.

청동기시대 사람들은 벼농사를 짓기 시작했다. 그들은 물과 들판이 있는 곳을 찾았다. 함평천과 고막천 주변이 바로 그러한 곳이었다. 들판 주변 향이 좋은 야산 기슭, 배산임수 背山臨水 지역에는 집을 지었다. 마을이 형성된 것이다. 정착 생활이 시작되자 인구가 급격히 늘었다. 인접한 마을들과 부족을 이루어 더 넓고 기름진 땅을 빼앗기도 했다. 전쟁이 일어나고 포로들은 노비가 되었다. 같은 마을 사람들 사이에도 빈부의

우리나라 대표 고인돌인 강화도 고인돌.
북방식 고인돌이다.

청동기시대에 출토된
반달 돌칼.
ⓒ 국립중앙박물관

격차가 생겼다. 계급사회로 바뀌고 지배층이 등장한다. 고인돌은 이 시대 지배층의 무덤이다.

석기시대를 거친 인류는 구리와 주석 등을 제련하는 방법을 알아냈고 청동검, 청동거울 등의 유물을 남겼다. 청동거울, 청동검 등 청동기는 소수의 지배층만 사용했다. 구리와 주석을 적절한 비율로 '합금'해 만드는 청동기는, 당시로서는 엄청난 첨단기술의 산물이다. 아무나 만들거나 가질 수 없는, 오직 지배자들만이 소유할 수 있는 도구였다. 얼굴을 비춰 보는 도구라고 하기에는 표면이 너무 거친 청동거울을 목에 걸고 옆구리에는 청동방울을 단 채 청동검을 허리에 차거나 손에 든 지배자가 연설을 하고 거리를 걸을 때마다 청동기는 햇빛을 받아 빛을 내며 그들을 신처럼 보이게 해주었을 것이다. 이처럼 청동기는 제정일치祭政一致 시대의 지배자에게는 더없이 유용한 물건이었다.

　이 시기에 많은 사람이 사용한 도구는 여전히 석기였다. 신석기시대에 비해 훨씬 세련되고 정교한 석기들을 농사짓는 데 사용했다. 대표적인 것이 반달 돌칼이다. 두 개의 구멍에 줄을 끼워 벼 등을 베는 데 사용했다.

　고인돌에서 발견된 청동거울 등의 부장품뿐만

아니라 고인돌 자체도 당시에 관해 많은 이야기를
전해준다. 어떻게 그 거대한 덮개돌을 운반해 받침돌
위에 올렸을까, 또 얼마나 많은 사람을 동원해야
이런 작업이 가능할까를 상상해보면 당시 사람들의
돌 다루는 기술, 인구수 등을 가늠해볼 수 있다. 덮개돌의
무게는 작게는 수 톤, 크게는 수십 톤에 이른다.
어떻게 그 큰 돌을 옮겨와 올려놓았는지는 정확히
알 수 없으나 수백여 명의 장정들이 동원되었을
것이다. 고인돌은 동원된 장정들의 가족까지 합하면
1,000-3,000여 명의 집단을 지배하는 자나 그 가족의
무덤이었을 것이다.

함평에는 고인돌이 묘역을 이루며 군집해 있는 경우가
많다. 가족 무덤 또는 집단 무덤으로 추측된다.
대체로 고인돌의 군집 양상은 일정한 열을 갖추고 있으며
격의 차이를 보이는 경우도 있다. 이 경우 가부장적인
질서에 따라 고인돌의 위치가 결정되었을 것으로
보인다.

함평의 고인돌을 찾아서

용월리 고인돌

함평에서 고인돌을 가장 잘 볼 수 있는 곳은 월야면 용월리 고인돌 공원이다. 밀집되어 있는 고인돌이 비교적 잘 보존되어 있어 전라남도 기념물 제15호로 지정되었다. 모두 16기가 있는데 덮개돌의 길이가 3m 이상 되는 것이 10기이다. 가장 큰 것은 길이 5.25m, 너비 3.4m, 높이 0.9m로 고인돌 공원의 한가운데 자리한다. 이 고인돌을 중앙에 두고 나머지 고인돌이 둘러싸고 있는 배치가 특이하다. 크기가 다른 것은 무덤을 족장族長 또는 군장君長과 부하나 신하로 구분했거나 어느 씨족의 집단 묘지로, 가족 안의 서열을 따진 때문으로 보인다.

    16기 가운데 12기가 굄돌이 있는 남방식 고인돌이다. 북방식 고인돌의 장벽석과 같은 두꺼운 판석을 가진 것도 1-5개가 있는데 대부분 유실된 상태다. 이곳은 용월리 월봉과 노장마을 사이의 구릉으로 남서쪽으로는 '한새들'이라 불리는 들판이 넓게 펼쳐져 있다. 고막천 상류 지역이다.

월야면 용월리 고인돌 공원 전경(위)과 중앙에 있는 가장 큰 고인돌(아래).

아차동 고인돌

함평천 유역의 대표적 고인돌은 대동면 덕산리 아차동 마을에 있다. 밭작물이 무성하게 자라지 않은 계절이면 길을 가면서도 쉽게 볼 수 있다. 대동면사무소에서 신광으로 가는 도로를 따라 1km 정도 가면 고산봉 아래 아차동 마을이 있다. 바로 앞에는 함평천을 따라 넓은 들판이 펼쳐진다. 아차동 마을을 지나 도로를 따라가다 보면 오른쪽 밭 가운데에 1기가 있다. 그곳에서 200m 더 가면 3-4기 또는 4-5기가 밭둑을 따라 나란히 있기도 하고 무리 지어 있기도 하다. 모두 13기가 있는 것으로 조사되었으나 길을 따라가면서도 9기 정도는 쉽게 볼 수 있다.

상곡리 고인돌 공원

해보면 상곡리 운곡마을에서 송산마을로 향하는 도로를 따라 400m쯤 가면 도로 왼쪽에 고인돌 공원이 있다. 모두 20기의 고인돌이 모여 있다. 원래는 22기가 있는 것으로 조사되었으나 2기는 완전히 매몰되었다. 대부분이 지하에 석실을 만들고 지상에 덮개돌을 얹은 남방식이다.

제일 큰 것은 길이 4.3m, 너비 3.5m다. 이곳은 산내리 신안마을까지 이어지는 긴 골짜기의 입구로 비교적 넓은 평지다.

석계 3·1 공원 고인돌

월야면 월계리 석계마을 입구에 있는 고인돌들은 마을공원의 정원석 대우를 받고 있다. 바로 곁에는 함평의 3·1운동 발상지인 낙영재 樂英齋 가 있다. 낙영재를 다시 짓고 탑을 세우는 등 이 일대를 3·1운동 유적지로 조성하면서 사진에서처럼 이곳에 있는 고인돌들은 정원석이 되었다. 모두 15기가 있는 것으로 조사되었다. 이 마을 뒷산에서는 백제시대의 것으로 보이는 돌방무덤 석실묘 石室墓 12기가 발굴되었다.

대전으로 시집간 고인돌

멀리 대전으로 시집간 고인돌도 있다. 바로 대전 국립중앙과학관 내의 어린이과학관 야외 전시장에 있는 고인돌이다. 함평읍 진양리 각골마을에서 수습한

대동면 덕산리 아차동 고인돌.

해보면 상곡리 운곡마을의 고인돌공원.

함평의 3·1운동 발상지인 낙영재 재조성 과정에서 조경의 일부가 된 석계 3·1공원 고인돌들.

대전 국립중앙과학관에 있는 함평읍 진양리 각골마을의 고인돌.
ⓒ 대전광역시교육청

고인돌이 이곳으로 온 것이다. 1999년 서해안고속도로 함평 인터체인지 건설 부지에서 목포대학교 박물관이 발굴한 이 고인돌이 마을로 옮겨졌다가 이곳으로 왔다. 고인돌이 드문 이 지역 학생들을 위한 교육 자료로 활용되고 있다.

한국 청동기문화를
대표하는

나산 초포리 유물

한반도의 청동기문화를 대표하는 유물이 나산면 초포리에서 발굴되었다. 2009년 11월 국립중앙박물관은 고조선실을 신설하고 청동기시대의 대표적 유물들을 모아 전시했다. 이때 초포리에서 발굴한 잔무늬거울 세문경 細紋鏡 은 청동기 제작 기술의 정점을 보여주었다는 평가와 함께 '한국문화의 독창성 24선'에 선정되었다. 함께 발굴된 청동방울 동령 銅鈴 도 제정일치 祭政一致 사회를 증명하는 유물로, '한국문화의 독창성 24선'에 선정, 전시되었다.

    2022년 9월에는 한·중·일의 대표 청동기 유물 50점이 중국 국가박물관에 전시되었다. 한국 국립중앙박물관, 중국 국가박물관, 일본 도쿄국립박물관이 공동 주최한 이 전시는 3국의 정교하고 아름다운 청동기를 통해 각 나라의 문화적 성과를 드러내고자 한 자리였다. 여기에 14점의 한국 유물 중 함평의 잔무늬거울, 쌍두령, 간두령 각 1점이 한국의 소형 청동기를 대표해 전시되었다.

    이들 청동기시대 국보급 유물이 발굴된 곳은 나산면 초포리 사촌마을 입구다. 어느 고고학자는 이 유적을 "당시 한반도 어디에도 비견할 수 없는 영산강 유역의 탁월한 문화적 성취를 보여주는 것"이라고 했다.

국립중앙박물관이 '한국문화의 특징성 24선'으로 선정해 전시한
나산면 초포리 출토 청동방울.

의롭고 당당한 함평 역사 이야기

마을 일 하다 발견한 유물

1987년 2월 20일 나산면 초포리 사촌마을 주민들은 마을로 들어가는 길을 넓히는 공사를 하고 있었다. 해가 저물 무렵 공사를 하던 주민들은 여러 개의 쇠붙이를 발견했다. 마을 길보다 조금 높은 고갯마루에 있는 밭에서 흙을 파내는 작업을 하던 중이었다. 나중에 엿 바꿔 먹자며 쇠붙이를 한곳에 모아놓고 그날 일을 마쳤다.

다음날 날씨가 추워 작업을 쉬었고 누군가가 군에 신고를 하고 군에서는 도에 보고했으나 도에서는 군에서 알아서 하라며 대수롭지 않은 반응을 보였다. 다행히 함평의 문화유적, 역사에 관심이 많았던 고 이현석 씨가 이 소식을 들었다. 그는 이 쇠붙이가 청동기 유물임을 직감하고 작업 중단을 부탁한 뒤 국립광주박물관에 연락했다. 현장에 도착한 학예관은 청동기시대 돌널무덤임을 확인하고 국립중앙박물관과 협의해 합동조사반을 구성하여 발견 이틀 후인 22일 오후부터 바로 발굴에 들어갔다.

무덤은 사진에서 보듯 윤곽은 뚜렷하나 공사 중 많은 돌을 파내버려 정확한 모습은 알 수 없다. 고고학계에서는 이 무덤을 깬 돌로 외곽을 쌓고 그 안에 목관을 넣은 널무덤 목관묘 木棺墓 들 중 상부에 돌무지를 쌓은, 소위 돌무지 널무덤 적석목관묘 積石木棺墓 계통의 무덤으로 본다. 깬 돌로 구축한 돌널 안에 주검을 넣은 돌널무덤 석관묘 石棺墓 처럼 보이지만 무덤 구덩이에 나무 널을 넣고 나무 널과 무덤 구덩이의 벽 사이를 돌로 채운 구조이다.

  모두 26점의 유물이 발굴, 수습되었다. 주민들이 공사 중 발견한 것이 16점, 발굴팀이 확인한 것이 10점이었다. 주민들이 발견한 것들은 출토 위치를 알 수 없었지만 발굴팀이 찾아낸 것들은 출토 위치를 정확히 알 수 있었다. 널 안에는 동검 두 자루와 청동거울 세 점 그리고 곱은 옥 곡옥 曲玉 이 있었다. 청동방울인 간두령과 쌍두령은 널과 무덤 벽 사이 깬 돌 틈에 있었다. 푸른색이 선명한 곡옥 2점은 무덤의 머리 쪽에 있었다. 천하석 天河石 으로 만들었다는 귀걸이였다. 다른 곳에서도 2점씩 발견되어 그것이 귀걸이였을 것으로 짐작되었으나 실제 유적에서 확인한 것은 이곳 초포리에서가 처음이다. 거울 3점은 천 주머니에 담긴 채 피장자의 오른쪽 허리와 다리 쪽에 놓여 있었다. 바로 한국 청동기문화를 대표하는 잔무늬 거울 세문경 細紋鏡 이다. 2점의 거울 위에는 동검이 올려져 있었다.

초포리 사천마을 입구
발굴지 표지석(위)과
드러난 유적 널무덤(아래).
ⓒ 국립광주박물관

초포리 발굴 유물 중 청동 잔무늬 거울(위)과 청동방울(아래).
아래 사진 중 왼쪽 2개의 방울은 간두령(竿頭鈴)이며 가운데 2개는
쌍두령(雙頭鈴)이다.
ⓒ 국립광주박물관

피장자의 귀밑 위치에서 출토된 곱은 옥(곡옥 曲玉).
ⓒ 국립광주박물관

주민들이 수습한 유물들.
ⓒ 국립광주박물관

잔무늬 거울은 한국식 동검 문화를 대표하는 청동거울이다. 앞 시기의 거친무늬 거울과는 달리 대동강 이남에서만 발견되어 한반도에서 창안해 제작한 것으로 본다. 거친무늬 거울과는 비교할 수 없을 만큼 정교한 무늬가 새겨진 것이 특징으로 무늬를 새기는 기법뿐만 아니라 청동기 제작 기술이 크게 발전했음을 알 수 있다. 국립중앙박물관이 잔무늬 거울을 '한국문화의 독창성 24선'으로 선정한 까닭이기도 하다.

　마을 사람들이 공사를 하면서 수습한 유물들은 한국식 청동검, 중국식 동검, 꺽창, 청동도끼, 청동끌 등 주로 무기, 공구류였다. 동검은 중국 것을 모방해 우리나라에서 만든 것으로, 당시 중국과 문화 접촉이 있었음을 알려주는 자료다. 유물 중 철기는 출토되지 않았지만 유물의 조합으로 볼 때 철기시대로 막 들어섰던 시기의 유적이다. 그 연대는 대체로 기원전 2세기 전반 정도로 추정된다.

26점의 유물 중 청동기는 22점이다. 이 중에서도 무기류 10점, 거울 3점, 방울 5점의 부장품은 이 무덤이 같은 시기 우리나라 최고의 우월적 지위에 있음을 말해준다. 이곳에서처럼 다량의 청동기가 출토된 것은 드문 사례이기에 특히 그렇다. 실제로 청동방울류가 함께 출토된 예는 화순군 대곡리 유적 정도이다. 1971년에 발굴된 화순의 유물은 잔무늬 거울 등 11점이었으나 최초 발굴물이어서 모두 국보로 지정되었다. 더 뛰어난 유물이지만 같은 종류의 유물이 이미 국보로 지정되어서 함평의 출토 유물은 국보가 될 수 없었다.

귀신을 부르는 청동방울

무기류가 청동기시대 제정일치 사회의 정치적 위세품이라면 거울과 방울은 종교적 위세품이다. 대개의 무덤에서는 검과 거울의 조합이 1세트이지만 3세트의 조합과 4종의 방울까지 출토된 이곳 초포리 유적은 한반도 최상급, 즉 1등급의 무덤으로 보아 손색이 없다.
    무덤의 주인공을 상상해보자. 그가 허리에 찬 청동방울은 움직일 때마다 소리를 냈다. 손에 든 방울을 흔들어 소리를 내기도 했다. 신령스러운 방울 소리는 귀신을 부르는 소리였다. 그러한 소리를 낸 무덤의 주인공은 사람들에게 신성한 존재로 받아들여졌다. 더구나 가슴에 찬 청동거울은 햇살을 반사하여 그가 움직일 때마다 눈부신 광채를 뿌렸다. 그는 태양과 같은 존재였다. 그가 허리에 차거나 손에 들었을 무기는 그의 힘을 과시하는 상징물이었다.

　　무덤의 주인공은 제사장이며 권력자인 이 지역 최고의 수장 首長 이었던 것이다. 초포리 유물들은 또 한국식 동검 문화 시기에 군사적 수장 首長 과 제사장 祭司長 의 성격을 함께 갖춘 군장 君長 혹은 족장 族長 의 실체를 파악할 수 있는 중요한 자료이다.

　　고인돌 무덤이 사라지고 새로운 무덤 양식이 등장한 것이다. 고인돌이 지배자의 무덤이면서 동시에 집단의 기념물 같은 성격을 띠었다면, 돌무지널무덤은 매장될 '한 사람'을 위해 깊은 묘광을 파고 최고 수준의 청동기를 다량 넣었다는 점에서 보다 강력한 지배자가 등장했음을 보여준다.

초포리 무덤 발굴 30여 년 후인 2016년, 인근에서 또 무덤을 발굴했다. 초포리에서 북으로 3km도 채 안 되는 해보면 상곡리에서 초포리 무덤보다 이른 시기의 것으로 보이는 무덤을 발굴한 것이다. 청동기시대부터 조선시대를 포함하는 27개의 거주지 흔적이 발굴되었는데 특히 눈길을 끈 것은 '거울모양동기 경형동기 鏡形銅器' 4점이었다. 국내에서는 처음 출토된 거울모양의 동기다. 거울모양동기는 한반도보다는 앞선 시기에 중국 동북부 지방에서 유행한 청동제 유물이다.

형태와 크기가 같은 점으로 미뤄 동일한 틀을 사용해
밀납 주조 방식으로 제조했을 확률이 높다.

　　연구자들은 중국에서 제작 기술이 전해져 함평
주변에서 제작됐을 것으로 본다. 그래서 한반도 중서부
지역으로 이주한 세력의 일부가 이곳으로 와 정착한
것으로 추정한다. 거울모양동기를 매달아 자신을
치장했을 피장자는 지체 높은 제사장이었을 것이며
외래계 토착인이거나 외래계를 수용한 토착인일 것이다.
연대는 기원전 4-3세기로 추정한다.

　　상곡리 무덤은 경형동기 외에는 피장자의 신분을
추정할 수 있는 다른 유물이 없어 종교적 권위만을 가진
제사장의 것으로 보인다. 반면 초포리 무덤에서는
정치 군사적 권위를 상징하는 동검 등 다량의 청동기
유물이 출토되어 이것이 당대 최고 지배층의 무덤임을 알
수 있다. '국國' 시스템을 갖춘 정치체제가 등장한 것이다.
1-2세기 전의 상곡리 집단을 계승해 발전한 세력이
아닐까.

함평은   야외 고분 박물관

필자가 고향에 돌아와 함평의 역사에 관심을 가지고 책을 쓰기로 한 결정적 계기는 바로 함평 곳곳에 있는 고분 古墳 때문이었다. 고분은 고대의 무덤을 일컫는 말로, 그중에서도 고고학적으로 의미가 있는 고대 지배층의 무덤을 가리킨다. 시기적으로는 삼국시대의 것까지를 고분이라 한다. 잠깐이면 가볼 수 있는 곳에 자리한 고분들을 하나둘 만나며 크기에 놀라고 각기 다른 모양에 호기심은 더해갔다. 틈이 날 때마다 둘러보고 자료를 찾았다. 주로 마한 馬韓 시대의 것으로 보이는 이 고분들은 함평의 당당하고 진취적이며 개방적인 당시 역사를 말해주고 있었다.

함평을 '야외 고분 박물관'이라 말하는 학자들도 있다. 우선 함평에 있는 고분은 모양이 다양하다. 고분은 그 모양, 즉 흙을 쌓아 올리는 봉토 封土 형식에 따라 둥근 모양의 원형분 圓形墳, 반원 모양의 반구형분 半球形墳, 네모 모양의 방대형분 方臺形墳, 사다리꼴 모양의 제형분 梯形墳, 전통 악기인 장구 모양의 장고형분 長鼓形墳, 봉분을 돌로 덮은 즙석분 葺石墳, 이음돌무덤 등으로 구분하는데 함평에는 이런 것들이 모두 있다. 시신을 모시는 매장주체시설 埋葬主體施設 도 나무널 목관 木棺, 독널 옹관 甕棺, 돌방 石室 등으로 다양하다. 이는 영산강 유역에서도 다른 지역에서는 찾아보기 어려운 함평 지역만의 특징이다.

함평에는 모두 51개 유적에서 204기의 고분이 있는 것으로 확인되었다. 고인돌이 그랬듯이 대부분이 함평천과 고막천 지역에 분포하고 있다. 고막천 상류 지역인 월야면, 해보면, 나산면 일대와 함평만에 인접한 함평천 중·상류 지역인 함평읍, 대동면 일대에 밀집, 분포한다.

그동안 발굴이나 조사가 이루어진 고분들을 축조 시기순으로 살펴본다.

사다리꼴의 만가촌고분군

함평 사람들에게 꼭 한 번은 가보라고 권하고 싶은 곳이 '만가촌고분군 萬家村 古墳群'이다. 이 고분군은 월야면 예덕리 만가촌 마을 서쪽 평탄하고 낮은 구릉에 있다. 현장에 가보면 놀랍고 안타깝다. 우선 긴 사다리꼴 장제형 長梯形, 짧은 사다리꼴 단제형 短梯形, 삼각형 등 그 모양에 놀란다. 크기 또한 대단하다. 높지는 않으나 그 길이가 65m나 되는 것도 있다. 더욱 놀라운 것은 14기나 되는 크고 작은 고분이 밀집해 있다는 것이다.

그 규모를 카메라의 한 앵글에 온전히 담아낼 수 없다는 게 안타까울 따름이다. 한 기 또는 몇 기의 무덤을 한 컷에 담아 그 규모를 짐작할 수 있도록 하는 것도 쉽지 않다. 사진만으로는 얻을 수 없는 감동이 현장에 가면 있다. 함평 사람들이라면 한 번은 꼭 가봤으면 좋겠다고 생각하는 것도 이 때문이다. 같은 구릉이라고 할 수 있는 500m 북쪽에는 장고형분 長鼓形墳 또는 전방후원분 前方後圓墳 이라고도 하는 '신덕고분'도 있다.

만가촌고분군이 지금의 모습을 갖기까지는 여러 우여곡절이 있었다. 이 고분군은 1981년 전라남도 지방기념물 제58호로 지정되었다. 고분 유적으로는 전라남도 첫 기념물 지정이었다. 영산강 유역의 대표적인 고분군으로서 학술적 가치 또한 매우 높다는 게 지정 이유였다. 당시에는 모두 9기의 고분이 있는 것으로 알려졌다.

1984년, 고분군 바로 옆에 벽돌 공장이 생겼다. 고분군이 있는 구릉의 질 좋은 황토가 벽돌의 재료였다. 벽돌 공장에서 구릉지의 황토를 캐가면서 몇몇 고분들이 인멸되었을 것으로 보인다. 두 고분의 끝부분이 잘려 나간 사실도 복원 과정에서 밝혀졌다. 벽돌로 구워져 어느 건물의 일부가 되었을지도 모를 일이다.

1994년 함평군에서 이 고분군을 정비 복원하기로 했다. 예산 때문인지 발굴 없이 최소한의 기초조사만을 하려 했다. 그러나 이 조사 과정에서 무덤의 형태도 독특하고 그 크기도 예상보다 훨씬 커 정비 복원계획이 수정되었다. 복원 전에 발굴조사가 필요했던 것이다.

예산 등의 문제로 우여곡절 끝에 1995년과 2001년, 두 차례에 걸쳐 조사와 발굴, 복원 작업이 이루어졌다. 조사와 발굴을 통해 14기 무덤의 분구 墳丘가 확인되었다. 무덤 분구 내부에서는 나무널무덤과 독무덤이, 무덤 주위 도랑인 주구 周構에서는 독무덤 등 40여 기의 매장시설이 조사되었다. 주거지, 토기, 가마 등도 확인되었다. 전면 발굴조사는 남쪽에 있는 3기에서만 이루어졌다.

무덤군은 남북 140m, 동서 60m 범위에 14기의 분구를 가진 무덤이 밀집해 있는 구조이다. 크게 남북을 축으로 축조되어 북쪽에 밀집한 11기 1~11호분 와 후대에 동서축으로 축조된 남쪽의 3기 12~14호분 로 구분된다. 분구 형태는 긴 사다리꼴, 길이가 짧아진 사다리꼴, 더 짧아져 삼각형, 사각형으로 변한 것 등 다양하다. 가장 큰 고분은 북쪽군에 속한 3호분으로 길이가 65m다. 두 번째로 큰 고분은 벽돌공장에 의해 끝이 잘려 나간

드론으로 찍은 만가촌고분군. 윗부분이 남쪽이다.
사진 속 사람들의 모습을 보면 무덤의 크기를 가늠할 수 있다.

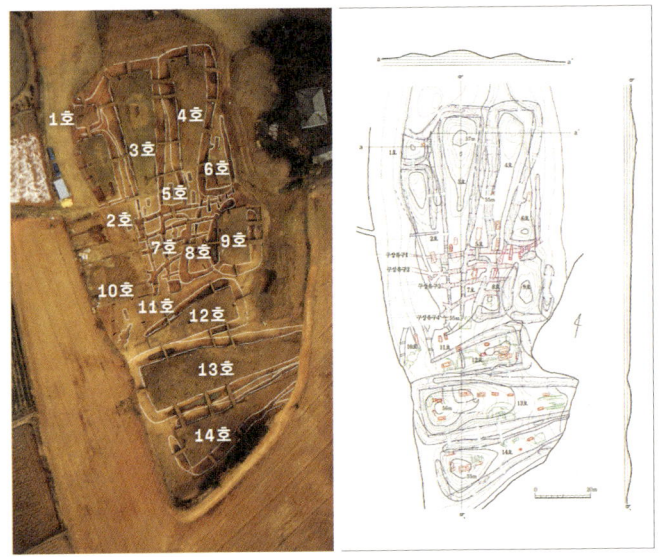

만가촌고분군의 1995년 발굴 후 전경과 분포도. 왼쪽 위부터 차례로
편의상 무덤 번호를 부여했다. 왼쪽 맨 위가 1호분, 세로로 가장 긴 것이 3호분,
가로로 가장 긴 것이 13호분이다.
ⓒ 전남대학교박물관

남쪽군의 13호분으로 남은 길이만도 55m가 넘는다.

만가촌고분군의 특징은 긴 사다리꼴 봉분에 여러 개의 무덤이 있는 다장묘^{多葬墓}라는 점이다. 시간차를 두고 처음에는 옆으로, 나중에는 위로 무덤을 만들어 봉분을 확장해갔다. 그 과정이 어떠했는지는 남쪽군 13호 분구의 발굴조사 보고서를 살펴보면 알 수 있다. 13호 분구는 길이 57.8m, 가장 긴 폭 16m, 높이 1.8m의 긴 사다리꼴이다. 한쪽은 넓고 높으며 다른 한쪽은 좁고 낮은 형태다. 매장시설은 모두 12기로 나무널이 11기, 독널인 옹관이 1기다.

13호 분구 발굴도를 보면 매장시설을 옆으로 또는 위로 확장하면서 설치했음을 알 수 있다. 좁고 낮은 쪽으로 나무널무덤을 만들면서 13-6부터 13-12처럼 수평으로 확장해갔다. 넓고 높은 곳에는 먼저 만들어진 무덤 주위의 도랑을 메우고 그 위에 나무널을 묻으면서 수직적으로 확장했다. 13-1과 13-4는 13-2와 13-5 위로 수직 확장을 한 것이다. 맨 오른쪽 13-12가 가장 마지막에 만들어진 것으로 보이는 독널무덤이다.

왜 한 분구 안에 나무널과 독널이 함께 있을까? 학자들은 추가 장이 이루어지는 과정에서 기존 나무널이 썩으면서 시신이 훼손되는 것을 목격했을 것이고 이를

막기 위한 대안으로 독널인 옹관을 사용했을 것으로
본다. 12호 분구에서는 제법 큰 옹관들이 출토되었다.
옹관이 일반화되면서 전용 옹관으로 발전해가는 과정을
만가촌고분군이 말해주고 있는 것이다. 영산강 유역에서
성행했던 대형 옹관으로 가는 과정이기도 하다.

2001년 11월, 한국고고학회 보고서에서는
만가촌고분군의 유물적 가치를 다음과 같이 밝히고 있다.

"삼국시대 고분에 앞선 호남 지역 최초의 대형 고분이다."
"나무널무덤의 중심연대는 2세기 대로 그동안 전남
 지역의 고분을 대표하였던 대형 옹관묘에 앞선다."
"옹관은 나주·영암의 전용 옹관에 앞선 가장 빠른
 유형으로서 2-3세기 대로 추정된다."
"5-10개의 매장시설이 공존하는 다장묘로 동시 다장이
 아닌 시간차를 둔 추가장이다."
"처음부터 현재와 같은 형태가 아니라 수평, 수직적
 확장을 통해 현재의 상태로 완성된 것으로서
 동일 시기 타 지역과 뚜렷하게 구분되는 독자적인 특징을
 보여주고 있다."

발굴보고서와 여러 전문가의 견해를 종합해보면, 축조

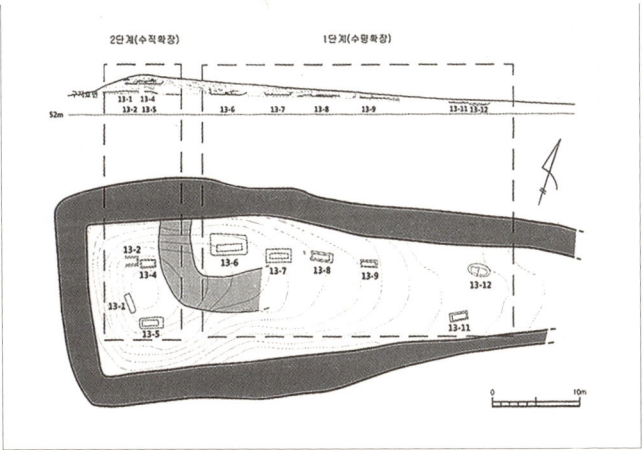

13호분 발굴 후 전경과 발굴도.
ⓒ 전남대학교박물관

시기는 북쪽군의 경우 2세기 후반, 남쪽군은 3세기
후반에서 5세기 초까지일 것으로 보인다.

　　고인돌과 옹관묘 사이에 땅을 파고 나무널을 넣는
토광묘土壙墓가 있었음을 알 수도 있다. 청동기 유물이
다수 발굴된 나산면 초포리 토광묘를 기원전 2-3세기로
보면 함평에서도 이 묘제가 상당 기간 사용되었을
것이다.

　　옹관 고분은 영산강 유역권의 고대 문화를 대표하는
묘제이다. 한 분구 안에 여러 개의 옹관이 공존하는
특징을 가지고 있다. 만가촌고분군에서 보듯
초기에는 분구가 수평적으로 확장되면서 추가장이
이루어지다가 점차 고분의 평면 형태가 사각 모양인
방형과 원형으로 정형화되어 감에 따라 기존의
수평적인 추가장 이외에 새로이 수직적인 추가장이
이루어진 것이다. 분구는 높아지고 대형 옹관이 등장했다.
이러한 추세는 아파트 고분이라 불리는 나주 복암리
3호분 같이 늦게는 6세기 무렵까지 계속되며 영산강 유역
특유의 묘제로 발전했다.

만가촌고분 북쪽 무덤에서 출토된 유물들.
아래는 12호에서 출토된 옹관으로, 전남대 박물관에
전시되어 있다.

피라미드 모양의 금산리 방대형고분

함평에서 영광 방향으로 23번 국도를 타고 가다 보면 목교저수지를 지나 손불로 가는 808번 지방도로가 만나는 삼거리가 있다. 노적 삼거리 또는 미출 삼거리라고도 한다. 국도 오른편에 대동면 금산리 노적마을이 있다. 마을 동남쪽으로는 함평천을 따라 넓은 들판이 펼쳐진다. 논농사를 짓기 시작하면서 옛사람들도 자연스레 이곳에 터를 잡았던 것으로 보인다.

마을 이름이 노적 老迪 인데 원래는 '露積'이었다고 한다. 마을 서쪽 산봉우리가 곡식을 쌓아놓은 노적과 같다고 해서 그렇게 불리다가 1912년 일제 강점기 때 행정 지명을 정리하면서 '老迪'이 되었다.

바로 그 노적봉을 지금은 금산리 방대형고분 方臺形古墳 이라 부른다. 함평읍과 대동면, 신광면이 교차하는 삼거리 북쪽, 함평농공단지 바로 남쪽에 있다. 긴 변 길이 54m, 짧은 변 길이 46m의 사각형인 방대형 方臺形 으로, 높이는 9m나 되는 전남지방의 고분 중 최대급이다. 즙석식 葺石式, 즉 깬 돌을 이용해 봉분을 덮은 특이한 형태의 무덤이다.

이 고분은 1994년 전라남도 기념물 제151호로 지정된 지

2019년 발굴 당시의 금산리 방대형고분. 오른쪽이 함평농공단지다.
남서쪽 방향인 위로는 서해안고속도로, 목교저수지, 함평만이 보인다.
ⓒ 전라남도 문화재연구소

2014년 시굴조사 당시의 모습. 노적봉이라 불리며 누구도 무덤이라고
인식하지 못했던 때문인지 이곳은 한 문중의 세장산(世葬山, 대대로 묘를 쓰는 산)
으로서 고분 정상에는 2기의 무덤이 자리하고 있다.

20년 만인 2014년 첫 시굴조사가 이루어졌다.
이 조사로 무덤의 축조 방식이 드러났다. 형태는 영산강 유역 마한문화권에서는 발견되지 않았던 새로운 묘제 양식으로, 돌을 이용해 가장자리에서 정상부까지 사각형으로 4단을 쌓았다. 봉분 전체를 돌로 채운 독특한 묘제 방식도 확인되었다.

당시의 조사는 발굴이 아닌 규모와 크기, 무덤의 도랑 정도를 확인하는 기초조사였다. 매장 주체부에 해당하는 무덤 내부를 조사하지 않았음에도 불구하고 우리나라에서는 처음으로 흙으로 만든 사람이나 동물 모양의 형상식륜 形象埴輪 이 출토되었다. 식륜 埴輪 은 흙으로 빚어 만든 것으로 동물 모양은 '형상 刑象 식륜', 사람 모양은 '인물 人物 식륜'이라고 한다. 주로 무덤 주위에 놓아두었다. 그러나 식륜은 '하니와'라는 일본식 표현이어서 토용 土俑 이나 토우 土偶 로 사용하자는 주장도 있다. 일본 고분에서 출토되는 것과 비슷한 것으로 제사나 의례 용품으로 사용된 것들이다.
중국 남조 계통의 연꽃무늬가 그려진 그릇 조각도 주목할 만하다. 서울 풍납토성에서 출토된 것과 매우 유사해 무덤을 만든 세력이 백제를 경유했거나 직접 중국 남조와 교류했음을 방증하는 사례다.

이때부터 이 고분도 주목을 받기 시작했다.

전라남도 문화재연구소가 본격적인 발굴조사를 위한 연차계획을 수립했다. 2019년 2차 발굴조사, 2022년 3차 발굴조사가 진행되었다.

 2차 발굴조사에서는 사람 모양의 인물식륜人物埴輪이 출토되었다. 인물식륜은 마치 마스크를 쓴 것 같은 사람 얼굴 모양을 본떠 만든 이른바 토우였다. 평행하게 배치한 눈과 얼굴의 양쪽에는 귀로 추정되는 원형 구멍인 투공透孔 흔적이 선명했다. 코 주변에는 수염을 표현한 듯 비스듬히 음각된 6개의 선까지 얼굴을 토기로 형상화한 인물식륜人物埴輪이었다.

 이번 조사에서 확인된 인물식륜은 일본 돗토리鳥取현에서 출토된 것과 유사하게 머리 부분이 좁아지는 삼각형 모양이다. 일본의 오사카, 나라 등지에서 다수 출토된 식륜은 고분시대 일본의 지배층 무덤 주위를 장식했던 토기를 일컫는다.「일본서기」에는 식륜의 유래에 대해 "순장 풍습이 있던 야마토 시대에 땅속에 묻힌 사람들의 울음소리를 듣고 왕이 슬퍼하자 산 사람 대신 흙으로 만든 사람을 묻게 했다"라고 기록돼 있다.

 자연스레 식륜이 묻힌 배경에 관심이 쏠리고 있다. 연구소 측은 6세기까지 백제의 세력권에 흡수되지 않고, 한반도 남부 지역에서 독자적인 영향력을 행사한 마한 세력의 활발한 국제 교류를 보여주는 흔적이라고 설명했다. 함평천 주변의 넓은 평야를 바탕으로 한 진취적이고 개방적인 독자 세력이 6세기까지 있었음을 이 무덤은 말해주고 있는 것이다.

분구의 평면 형태는 동서축이 남북축보다 조금 더 긴 마름모꼴 사각형인 방대형이다. 네 모서리 방향은 동서남북을 가리키고 있다. 안으로 좁혀 들어가면서 2-3m 위에 돌로 단을 쌓았다. 석축단이다. 1단은 34×24m, 2단은 29×23m, 3단은 21.8×13.8m, 최종 윗단인 4단은 묘역시설로 보이는 적석유구 積石遺構 주위를 감싸며 12×9m로 축조되었다. 단과 단 사이는 깬 돌인 할석으로 메웠다.

2004년 6월, 이 고분에 관한 국제학술대회가 열렸다. 국가사적 지정 문화재로 승격을 추진하기 위해 고분의 성격을 규명하고 고대사적 가치를 입증하기 위해서다. 이를 추진하고 있는 전라남도 문화재단에서는 이 고분을 포함한 마한의 역사를 복원하여 세계문화유산에 등재도 추진할 계획이다.

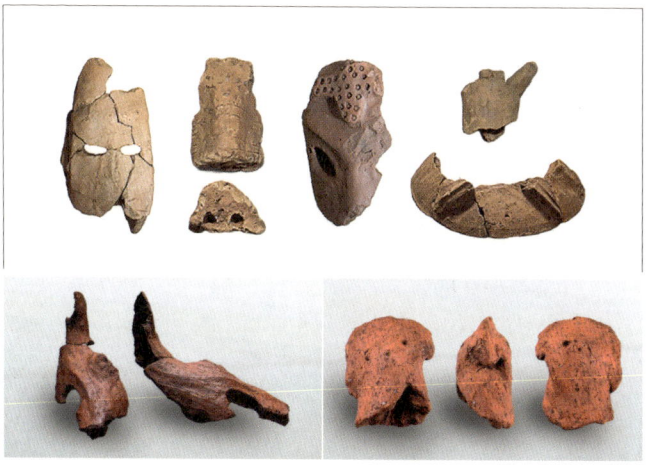

1, 2차 조사에서 출토된 유물.
인물 형상식륜(위)과 동물 형상식륜으로(아래), 왼쪽이 말,
오른쪽이 닭의 형상을 표현한 것이다.
아래 사진은 토기류다.

2019년 조사 당시의 고분 전경.
정상부에 매장 주체시설이 있을 것으로 추정하고 있다.
ⓒ 전라남도 문화재연구소

전통 악기 장구 모양의 장고분

함평에는 장고분 長鼓墳 또는 전방후원분 前方後圓墳 이라 불리는 특이한 형태의 고분 3기가 있다. 옆에서 보면 우리 전통 악기인 장구 모양이어서 장고분이라 한다. 위에서 보면 앞은 방형 方形, 네모반듯한 형태 과 뒤는 원형 圓形 의 분구가 붙어 있는 모습이어서 전방후원분이라 부르기도 한다. 이러한 형태의 무덤은 가까운 곳에 있는 삼국시대의 무덤들과는 모양과 성격이 다르다. 오히려 일본 고훈시대 古墳時代 의 대표적 무덤과 모양이 비슷해 주목을 받았다.

국내에 일본의 전방후원분과 닮은 분구의 고분이 본격적으로 알려진 것은 1980년대 중반부터다. 주로 영산강 유역에서 발견되기 시작했다. 첫 측량조사는 1985년 12월 해남 방산리 장고봉고분을 대상으로 실시되었다. 그러나 학계는 주목하지 않았다. 아니 주목하려 하지 않았다. 장고분은 학계로서는 다루기 힘든 '뜨거운 감자'였던 것이다.

전방후원분은 3세기 중엽부터 6세기 후반에 걸쳐 일본에서 유행한 무덤 형식이다. 일본 전역에 2,000기 넘게 분포하고 있다. 일본 고대국가 형성기의 일왕 무덤은 모두 이 형태이다. 국내의 장고분보다 시기가 빠르고 규모도 더 클 뿐 아니라 숫자도 훨씬 많다.
사정이 이러하니 우리 학계는 장고분에 관한 연구가
임나일본부 任那日本府 설을 주장하는 일부 일본 학계에
이용당할 우려 때문이었는지 애써 관심을 가지려
하지 않았다.

　　임나일본부설은 4-6세기경에 일본의 야마토 정권이
한반도 남부 지역에 통치 기구인 임나일본부를 세워
지배력을 행사했다는 주장으로 일본이 자행한 한국사
왜곡의 대표적 사례다. 지금은 폐기된 학설이다.
2010년 3월 한·일 역사공동연구위원회가 이는 사실이
아니라며 용어 자체를 폐기하기로 합의한 것이다.
그러나 일본에서는 여전히 조금씩 변형된 모습으로
재생산되고 있고 일부이긴 하지만 교과서의 서술에도
반영되어 있다.

장고분은 지금까지 호남 지역에서만 모두 15기가
확인되었다. 그중 3기가 함평에 있다. 월야면 예덕리
만가촌고분군과 500m 거리에, 대동면 금산리 방대형
고분과 700m 거리에, 그리고 학교면 마산리 표산
고분군에 각각 1기가 있다.

손불면 죽암리 장고산고분

금산리 방대형고분에서 손불 쪽으로 700m쯤 가면 나지막한 구릉 위에 장고분이 있다. 목교저수지와 그 주변이 한눈에 조망되는 곳이다. 함평읍 석성리 주포와 손불면 궁산리 신흥마을을 연결하는 제방이 축조되기 전에는 이 무덤 바로 앞까지 바닷물이 들어왔을 것이다. 고분의 남동쪽 약 300m 거리에 함평읍 장년리 장고산마을이 있다. 마을에서 빤히 보이는 이 고분의 모양 때문에 마을 이름도 오래전부터 그렇게 불린 것으로 보인다.

    1990년 함평 향토문화연구회가 발견한 이 무덤에 대한 측량조사가 다음 해 3월 실시되었다. 국립광주박물관의 조사에 의하면 분구의 전체 길이는 66m, 원형의 지름은 36m, 높이는 5m로 우리나라에 있는 15기의 장고분 중 두 번째로 큰 규모다. 무덤 주위 자락에는 너비 6-8m의 도량인 주구가 있었음도 확인했다. 2023년 전라남도 문화재연구소가 발굴을 시작했다. 매장시설인 돌방 석실 石室은 다음에 설명할 신덕고분과 비슷했다. 그러나 이 돌방은 도굴 흔적이 없음에도 토기 1점만 출토되고 다른 유물이 없어 무덤의 성격에 대한 앞으로의 논의가 주목된다.

위는 손불면 죽암리 장고산고분.
아래는 장고산고분의 2023년 발굴 당시 모습.
ⓒ 전라남도 문화재연구소

월야면 예덕리 신덕고분

1991년 3월 26일 오후, 죽암리 장고산고분의 측량을 마친 국립광주박물관 조사팀이 신덕고분에 도착했다. 그들은 눈앞에 펼쳐진 광경에 할 말을 잃었다. 고분의 원형부 서쪽에서 도굴 구덩이가 눈에 띈 것이다. 더욱이 이 도굴 구덩이는 불과 며칠 전에 판 흔적이 분명했다. 팠다가 다시 메운 구덩이에는 소나무 가지가 채 마르지 않은 상태로 섞여 있었고 그 주위로 철기 편과 도자 편이 흩어져 있었다. 그야말로 '따끈따끈한' 도굴 흔적이었다.

    당시 이어령 문화부장관이 직접 검찰총장에게 전화를 걸어 철저한 수사를 의뢰했다. 강도 높은 검찰 수사가 계속되던 어느 날이었다. 신원을 밝히지 않은 관람객이 서울의 국립중앙박물관 동문에 포장된 상자를 맡기고는 사라졌다. 맡긴 사람은 끝내 나타나지 않았다. 하도 이상해서 그 상자를 뜯어 보니 고분에서 출토된 것으로 보이는 긴 칼 등 '철기류' 몇 점이 있었다. 이 유물이 혹시 신덕고분에서 도굴한 것이 아닐까 하는 추정과 함께 기존에 수습한 유물과 비교한 결과 신덕고분 출토품으로 밝혀졌다. 자수한 도굴범의 진술에서도 이는 거듭 확인되었다. 나머지 도굴범들은 2년 6개월 뒤인

월야면 예덕리 신덕고분.
ⓒ 국립광주박물관

1993년 9월 모두 검거됐다. 그러나 그들이 도굴한 65점의 유물들은 이미 골동품상을 거쳐 누군가에게로 팔려가 버렸다. 전문가들은 팔아 치운 유물 중 5-6점은 국보급일 것이라 했다.

　더 이상의 도굴을 막기 위해 측량조사 대신 긴급 발굴조사를 진행했다. 긴급 수습조사였다. 1991년 6-7월의 일이다. 우리나라 최초의 장고분 전방후원분 발굴조사였다.

내부 구조는 돌을 이용해 시신과 부장품을 넣을 수 있는 방을 만들고 이 방으로 들어갈 수 있는 굴 같은 통로인 널길을 만든 '굴식 돌방무덤 횡혈식 석실묘 橫穴式 石室墓'이었다. 장고분의 매장시설이 돌방 석실 石室 이었음을 처음으로 밝혀냈다. 함평에 토광묘, 옹관묘와 함께 또 다른 형태의 매장시설 무덤이 있음을 말해주는 것이기도 하다.

　돌방의 경우, 도굴로 인해 시신을 안치한 널방 현실 玄室 내부가 원래 모습은 아니었지만 고분 입구에서 널방에 이르는 통로인 널길은 훼손되지 않았다. 널방 바닥은 3×2.4m의 사각형이었으며, 벽의 아랫단에는 큰 판석을 쓰고 그 윗면부터는 돌을 작게 쪼개 점차 좁혀들어 가며 쌓아 올렸다. 벽에는 붉은색을 칠해

발굴팀이 정리한 도굴 구덩이.
ⓒ 국립광주박물관

널방 남쪽 벽. 하단에는 대형 돌을 놓고 그 위에는 깬 돌을 쌓았다.
나머지 세 벽도 같은 모습이다.
ⓒ 국립광주박물관

화려함을 더하려 한 것으로 보인다. 시신은 널방 안에 마련한 나무관인 널 속에 두었다. 방의 한쪽에는 외부로 통하는 출입구를 만들었다.

신덕고분의 유물은 돌방에서 도굴되었다가 돌아온 유물과 돌방에서 수습한 유물, 널길에서 조사한 유물로 나뉜다. 돌방에서 수습한 유물은 도굴로 인해 심하게 훼손되어 원래의 위치도 알 수 없었으나 대략적인 부장품 조합은 파악할 수 있었다. 돌방에서는 금동관, 금동신발, 유리구슬 등의 장신구와 큰 칼, 창, 갑옷 등의 무기류가 확인되었다. 널길에서는 접시, 항아리 등이 다수 출토되었다.

　돌방의 금동관, 금동신발 조각과 금제 귀걸이는 널 위와 그 주변에서 발견되었다. 금동으로 만든 장식품은 당시의 빼어난 공예 기술을 보여주는 유물이다. 무엇보다 아무나 착용할 수 없는 최고급 장식품이다. 무덤의 주인공은 강력한 권위를 가진 사람이었을 것이다. 금동관의 형태나 문양, 제작 기술은 백제나 왜의 것과 비슷하나 전문가들은 백제 장인의 기술로 본다.

　주인공이 누운 자리 주변에서는 다양한 종류의 구슬이 출토되었다. 이 구슬들은 한데 꿰어져서 무덤에 묻힌 주인공의 목과 가슴을 장식했던 것으로 보인다. 모두

수습된 금동관 조각.
ⓒ 국립광주박물관

왼쪽 위부터 시계방향으로 곡옥, 유리구슬, 연리문구슬, 호박구슬.
ⓒ 국립광주박물관

5,527점의 유리구슬이 출토되었다. 둥근 유리구슬 환옥 丸玉, 반달 모양의 유리구슬 곡옥 曲玉, 호박 琥珀 구슬, 두 겹의 유리 사이에 금박이나 은박을 넣어 만든 중층유리구슬, 초록색과 노란색의 유리를 겹치고 잇대어 화려하게 만든 연리문 連理文 구슬 등 재질과 모양도 다양하다.

  돌방에는 큰 칼, 창, 화살촉 등 많은 철제 무기도 있었다. 대부분은 도굴로 잃어버렸다 되찾은 것이다. 손잡이 부분에 둥근 모양의 고리가 있는 큰 칼인 환두대도 環頭大刀 는 도굴로 인해 정확한 출토 위치는 알 수 없으나 장식 조각 등이 철기 유물이 모여 있는 널방 북쪽 모서리에서 출토되어 그 위치를 크게 벗어나지 않는 것으로 추정된다. 환두대도는 1m가 넘는 큰 칼이다. 이 외에도 도굴로 잃었던 1m 길이의 큰 칼, 은이 장식된 칼 등이 수습되었다.

  돌방에는 많은 양의 철판 조각이 바닥에 깔려 있었다. 철판의 정체는 갑옷 표면에 물고기 비늘 모양으로 덧붙였던 '쇠비늘' 조각이었다. 주인공이 죽자 그가 생전에 입었을 쇠비늘갑옷과 투구를 무덤에 같이 묻었다. 천년이 넘는 시간이 흐른 뒤 가죽끈은 썩어 없어지고 쇠비늘만 돌방의 바닥에 남았다. 칼이나 투구 등도 그 형태나 장식 문양 등이 백제와 왜는 물론 가야의 것과 유사하지만 그렇다고 똑같은 것도 아니다. 이처럼 무기의 종류가 다양하고 그 출처 또한 다양하게 해석되는 것은 무덤 주인공의 강력한 군사적 성격을 보여줌과 동시에 그가 주변 지역과 매우 활발하게 교류했음을 보여준다.

한때는 칼을 일본 것으로 보고 얼마 안 되는 금동관 파편들을 맞춰본 뒤 백제의 금동관으로 판단해 '일본식 칼을 차고 백제관을 쓴 백제 신하'로 추정하기도 했으나 지금은 백제와 왜 등의 세력과 활발하게 교류했던 토착세력 수장의 흔적으로 본다.

무덤의 널길과 출입구에서는 다량의 뚜껑이 있는 접시가 수습되었다. 뚜껑접시는 한쪽에 무더기로 놓여 있었다. 그 위치로 보면 무덤을 폐쇄돌로 닫은 후 치른 의례에 쓰였던 그릇이라 볼 수 있다. 목이 짧은 항아리도 있었다. 항아리 안에서는 참돔으로 추정되는 물고기 뼈가 나왔다. 고인을 위해 음식을 바치는 제사가 있었음을 알 수 있다.

위 가운데는 고리자루 큰칼(환두대도)이며, 아래는 큰칼이다.
아래 왼쪽은 갑옷 표면에 붙어 있던 쇠비늘이며, 오른쪽은 쇠투구이다.
ⓒ 국립광주박물관

위는 뚜껑접시, 아래는 참돔 뼈가 들어 있었던 짧은 목 항아리이다.
ⓒ 국립광주박물관

학교면 마산리 표산고분

학교면 마산리 표산마을 뒷산에도 장고분이 있다. 산이라기보다는 낮은 구릉이라고 하는 것이 더 어울릴 이곳에 15기 이상의 고분이 있다. 처음에는 9기의 고분이 있는 것으로 알려졌으나 2000년 전남대학교 박물관의 정밀조사에 의해 15기가 확인되었다.

마을 사람들은 제일 큰 하나를 '왕무덤', 나머지를 '8장수무덤'이라고 불렀다. 왕무덤이라고 불린 제일 큰 무덤이 바로 장고형 무덤이다. 중·소형 고분인 나머지는 원형분이다. 이 고분군은 영산강 유역에 분포하는 장고분 중에서 유일하게 여러 원형분과 함께 군집을 이루고 있고 영산강 유역 대형 옹관무덤의 핵심 지역인 나주 복암리 고분군과 가까운 거리에 위치해 많은 관심을 받아왔다.

왕무덤을 비롯한 무덤들은 모두 철저히 도굴당했다. 일제강점기 말, 전문 도굴꾼이 표산마을에 머슴으로 위장해 살면서 몇 년에 걸쳐 철저히 도굴했다는 얘기가 전한다. 도굴 갱을 따라 들어가면 돌방 石室 이 있는데 도박꾼들이 도박장으로 활용했다고도 한다.

2013년, 동신대학교 박물관이 첫 발굴조사를 했다. 왕무덤에 대한 발굴조사였다. 조사 결과 도박장으로

이용되기도 했던 방은 돌로 벽을 쌓은 방으로, 무덤의
주인공이 안치된 봉분 내부 시설이었다. 방의 형태는
장방형으로 길이 5.2m, 너비 2.5m, 높이가 2.9m였다.
석실 입구에 문이 있고, 그 안쪽에 석실을 마련한 굴식
돌방 무덤 횡혈식석실분 橫穴式 石室墳 이었다.

조사단은 "이런 석실 규모는 현재까지 확인된 전남
지역의 삼국시대 고분 중 최대 규모이며, 백제
지역에서도 최상위 그룹이자 초대형에 속한다. 공주에서
발견된 무령왕릉에 비견된다"라고 했다.

    무덤은 이미 극심한 도굴 피해로 출토 유물이
거의 없지만 석실 내부에서는 백제 토기 조각 몇 점과
도기 陶器 가 파편 상태로 출토되었다. 겉면에 유약을
바른 시유도기 施釉陶器 의 일종으로 동전 무늬가 새겨진
전문도기 錢文陶器 라는 점에서 비상한 관심을 끌었다.

    이런 시유도기는 서울 풍납토성과 몽촌토성을
비롯한 백제 중심지에서 집중적으로 출토되는 중국계
항아리로서, 백제 영역 내에 활동한 지방 세력의
무덤에서도 더러 출토된다.

    조사단은 이번 조사에서 모두 13기의 고분을
확인했다. 왕무덤이라 불리던 장고분을 중심으로
중·소형의 원형분 圓形墳 이 주위에 밀집해 있다. 분포도 참조

마산리 표산고분군 조사 지역 원경.
ⓒ 국립나주문화유산연구소

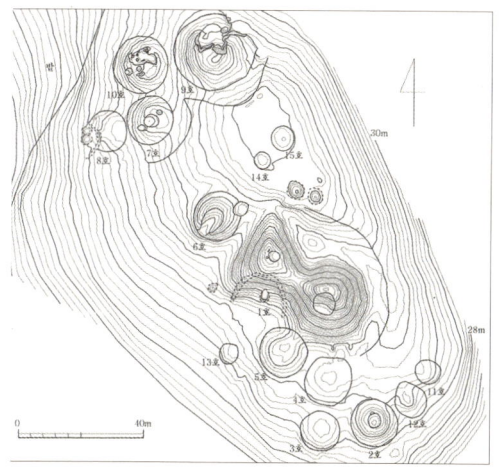

마산리 표산고분군
고분 분포도.

이처럼 장고분과 다수의 원형분이 함께 있는 것도 이곳이 유일하다. 이 고분들이 어떤 관계가 있는지를 알아낸다면 많은 논쟁거리가 남아 있는 장고분의 성격을 알아낼 수도 있을 것이다.

2차 발굴조사는 2021년부터 국립나주문화유산연구소가 실시했다. 이 조사는 이곳에 있는 개별 고분들의 구조와 축조 방법, 조영 순서를 밝혀 유적의 경관을 복원하고, 보존·활용 방안을 마련하기 위해 연차적으로 시행될 정밀 발굴조사이다. 2023년 11월 연구소가 발표한 중간 보고서에 의하면 1차년도 발굴조사에서는 장고분과 함께 그 주변에 조성된 원형 무덤 3기의 구조와 축조 방법을 확인했다. 고분 규모는 각각 지름 10-13m 내외로, 소형이다. 3기의 고분 모두 도굴로 인해 매장 시설이 거의 파괴되었다. 구조는 사각형 널방 가운데 입구가 있는 돌방이다.

유리옥과 은으로 만든 장신구, 전문도기錢文陶器, 가야의 영향을 받은 일본 고분시대 모양인 항아리 등 일본·중국계 유물들이 출토되었다. 돌방 입구 주변에서는 제사를 지낸 흔적으로 보이는 뚜껑 있는 접시와 그릇받침 등이 수습되었다.

장고분인 왕무덤의 굴식 돌방(횡혈식 석실) 입구와 내부 모습.
ⓒ 동신대학교 문화박물관

표산고분군 조사 지역 전경 및 주요 출토 유물.
ⓒ 국립나주문화유산연구소

고분의 명칭을 둘러싼 논란

특이한 형태의 이 무덤은 영산강 유역에만 있다. 지금까지 모두 15기를 발견했고, 그중 3기가 함평에 있다. 이 고분은 피장자의 성격은 물론 그 명칭을 둘러싸고도 논란이 많다.

전에는 일본의 전방후원분 前方後圓墳 과 유사하다고 해서 같은 이름으로 불렀다. 그러나 전방후원분이라는 용어는 일본의 것이다. 천왕의 무덤으로까지 발전한 이 형태를 일본은 일본 고대 문화의 상징으로, 나아가 일본 문화의 우수성과 자긍심의 상징으로 여긴다. 또 한편으로는 한반도에 있는 이러한 형태의 무덤을 임나일본부설의 한 예로 들고 있기도 하다. 우리가 그대로 사용하기에는 부담스러운 용어다.

한때는 '장고산'이라는 지명과 장고 長鼓 모양을 닮아서 '장고분'이라고 부르기도 했는데 지금은 '전방후원형 고분'으로 부르자는 의견이 많다. 일본을 크게 고려하지 말자는 뜻으로 보인다. 피장자의 성격 규정에 대한 새로운 이론이 나오면서부터다.

이 책에서는 신덕고분 발굴조사 30년 만에 전시회를 열고 보고서를 발간한 국립광주박물관이 명명한 대로 '장고분'으로 통일했다.

일본 오사카의 덕천왕릉.

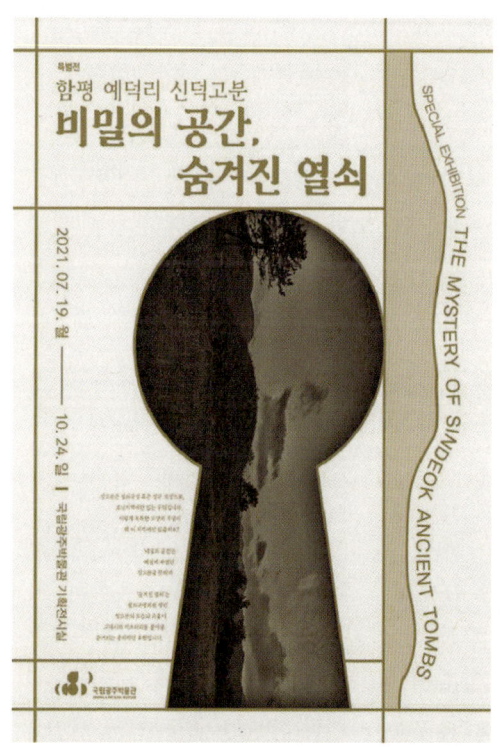

발굴 30년 만에 열린 신덕고분 전시회의 포스터.
ⓒ 국립광주박물관

무덤에 묻힌 자는 누구일까

가장 큰 쟁점은 일본에서 한반도로의 문화 유입, 임나일본부의 한 예로 등장하는 이 형태의 무덤에 묻힌 자가 누구냐이다. 한·일 간의 역사 전쟁이라고도 한다.

전방후원분은 일본에서 3세기 후반에 나타나 6세기까지 유행했던 고분이다. 함평을 비롯해 영산강 유역의 장고분도 그것과 유사한 측면이 적지 않다. 그렇다고 해서 이를 임나일본부설의 근거로 삼거나 반대로 일본의 억측에 대한 피해의식에서 역사적 실상과 동떨어지는 해석을 하는 것은 경계해야 한다. 모두 극복해야 할 과제이기도 하다.

당시 영산강 유역의 마한과 백제, 왜, 가야 등 국제 관계의 양상을 보면 두 지역 간 문물 교류의 산물임이 오히려 쉽게 이해된다. 그렇다면 한반도 남부, 특히 영산강 유역에 분포하는 이 무덤의 주인은 누구일까? 몇 가지 추정이 있다. 일본이 파견한 왜인설, 백제가 파견한 왜인설, 마한 토착 세력 수장설 등이다.

왜인 파견설은 영산강 유역과 왜 사이의 교역을 맡았던 왜인의 무덤이라고 하는 것인데, 무덤이 영산강 남해안

일대 주요 항구가 있는 곳과는 먼 곳에 산발적으로 분포하는 까닭이 설명되지 않는다.

백제가 파견한 왜인설은 고구려에 밀려 웅진으로 온 백제가 영산강 유역의 토착 세력을 견제하기 위해 파견한 왜계 백제 관료의 무덤이라는 견해를 담고 있다. 심지어는 동성왕이 일본에서 올 때 그를 호위하기 위해 따라온 무사들이 이 지역을 관장하는 관료가 되어 사망한 후에 만든 무덤이라는 해석도 있었다. 그러나 이 견해도 무덤이 영산강 중심지와는 멀리 떨어진 외곽 지역에 단독 분 위주로 산발적으로 분포되어 있다는 점을 설명하기 어렵다. 영산강 유역의 세력을 견제하려면 핵심 지역 어딘가에 있어야 하지 않을까.

최근의 해석에 주목해보자. 왜와의 교류 과정에서 전방후원분이 왜 연맹왕국 수장의 무덤임을 알게 된 토착 세력 중 일부가 이 묘제를 채택했을 가능성이 높다는 것이다. 대형 옹관고분을 만들어 본 경험을 가진 영산강 유역의 토착 세력들이 채택했다는 것이다. 원분의 형태로는 거대 고분을 축조하는 데 한계가 있다는 것을 안 그들은 그 한계를 극복하기 위해 이러한 형태의 고분을 채택하고 영역을 확대하려는 백제에게 자신들의 힘을 과시하려 했을 것이라는 추측이다. 장고분은 두 개의 분구를 연결한 것이니 그 규모가 커질 수밖에 없다.

    이 견해에 동의한다. 아니, 동의하고 싶다.
무덤의 주인공을 누구로 보든 타 지역에 비해 국제 교류가 활발했던 이 지역의 특성을 말해주고 있음은 분명하다.

이 견해를 뒷받침하는 특별전시회가 2021년 7월부터 10월까지 이 고분을 발굴한 국립광주박물관에서 열렸다. '함평 예덕리 신덕고분 비밀의 공간, 숨겨진 열쇠'라는 제목의 특별전이었다. 1991년 발굴했으니 30년 만에 그동안 수장고에 있었던 유물들을 꺼내 전시회를 연 것이다. 발굴보고서도 30년 만에 발간했다. 왜 이 유물들은 세상으로 나오기까지 30년이나 걸렸을까?

    도굴 때문에 급하게 이루어진 신덕리고분의 발굴조사는 장고분에 대한 첫 발굴조사였다. 그동안 우리 학계에서는 장고분의 발굴을 꺼렸다. 발굴 결과가 혹시나 일본의 임나일본부설을 뒷받침하지나 않을까 하는 염려 때문이었다. 발굴 유물들을 오랫동안 수장고에 넣어놓고 꺼내려 하지 않은 것도 같은 이유 때문이었다.

    그러나 영산강 유역의 마한 역사에 대한 연구가 본격화되고 그 연구의 결과로 장고분의 주인공이 왜와 교류한 토착 세력일 것이라는 주장이 받아들여지고 있다. 이러한 연구의 성과로 30년 만에 전시회를 열고 보고서를 발간하게 된 것이다.

요즘 학계의 분위기가 달라진 것도 같다. 한국인이니, 일본인이니 하고 국적을 딱 잘라 주장하는 것을 약간 촌스럽게 느끼는 듯하다. 한·일 간의 해묵은 민족 감정만으로 1,500여 년 전을 재단하는 것 자체를 편협한 일로 여기는 것이다.

함평 고분, 함평의 당당한 역사를 말하다

함평을 '야외 고분 박물관'이라고 했다. 함평의 고분들은 그 형태분형 墳形 와 매장 주체 시설이 다양하다. 고분의 숫자 또한 많다. 2004년 전남대 박물관의 조사에 의하면 모두 51개의 유적지에서 204기가 확인되었다. 그 분포를 보면 고인돌이 분포했던 지역과 비슷하다. 바로 함평천과 고막천 지역이다.

먼저 고막천 지역을 보자. 월야면, 해보면, 나산면을 흐르는 고막천 주위는 분지형 평야 지대다. 고막천 상류인 월야면 예덕리에 만가촌고분군과 신덕고분이 있다.

신덕고분과 만가촌고분군 주변 모습.

사진에서 보듯 만가촌고분군과 신덕고분이 있는 구릉의 양옆과 남쪽은 평야 지대다. 풍요로운 들판이다. 먼 옛날 농경시대가 본격화되면서 이 들판 주위에 사람들이 마을을 형성하고 살기 시작했다. 시간이 흐르면서 계급이 생기고 지배세력이 등장했다. 지배세력은 그들의 힘을 과시하기 위해 보통사람들의 것과는 크기도 다르고 매장시설도 다른 무덤을 만들었다. 이 고분들이 말해주는 것들이다.

만가촌고분군의 축조 시기는 빠른 것은 2세기 후반, 가장 늦은 것은 5세기 초반으로 본다. 300년에 가까운 기간 동안 만들어졌다. 긴 사다리꼴 모양을 갖게 된 것은 추가장을 하면서 수평적으로 확장했기 때문이다. 지배세력의 가족무덤으로 보인다.

신덕고분은 만가촌고분군 북서쪽 500m 거리에 있다. 같은 구릉이다. 이 무덤의 축조 시기는 6세기 전반으로 본다. 1세기 만에 전혀 다른 모양의 무덤이 등장한 것이다. 출토물 또한 다르다. 두 무덤의 주인공들은 어떤 관계일까? 그 사이 이곳에서는 어떤 일이 일어났던 것일까?

장고분의 주인공을 토착세력의 지배층으로 보는 최근의 견해에 따르면 이들은 더 큰 무덤을 만들어

그 위세를 보여주어야 했다. 이 지역이 백제와의 복잡한
관계 속에 놓여 있던 시기였다.

신덕고분 북쪽 바로 옆에는 신덕고분 2호로 불리는
원형고분이 있다. 발굴조사 결과 돌방석실 石室 무덤이다.
1호인 전방후원형 고분과 나란히 있어서 그 무덤의
주인공들이 밀접한 관계가 있을 것으로 보인다.
시간적으로도 크게 차이가 나지 않을 것으로 보인다.
그러나 1호의 석실이 백제식에 앞서는 영산강식인 것에
반해 2호 석실은 백제 후기의 대표적 무덤 형식인
부여의 능산리형이다. 석실 규모와 판석 사용 등
구조적 특징을 보면 최상위 계층의 무덤으로 보인다.
이 지역이 백제의 영향 아래 들어간 후에도 1호분 세력이
여전히 유력세력으로 존재했던 것으로 보인다.

신덕고분 서북쪽 1.5km에 월계리 석계마을이 있다.
이 마을 뒷산의 완만한 경사면에 고분들이 있었다. 1993년
전남대 박물관의 발굴조사에 의하면 모두 12기의 굴식
돌방무덤 횡혈식 석실묘 이 이곳에 무리지어 있었다. 봉분은
조사 전에 이미 없어진 상태이나 모두 원형분이었을
것이다. 이 고분들의 석실은 대체로 소형이며 능산리형
석실 구조의 영향으로 만들어진 것으로 보인다. 출토
유물은 토기류, 무기류, 구슬류, 나무 널에 쓰인 못, 꺾쇠

축조 연대순으로 오른쪽부터 차례로 만가촌고분군, 신덕고분, 석계고분군.

함평천을 따라 분포해 있는 고분군.
① 죽암리 장고산고분 ② 진양리 고분군 ③ 금산리 방대형고분
④ 진양리 화동고분군

등으로 백제계 매장 방식을 따른 것으로 보인다.

이곳의 유적들은 대부분 6세기 대에 해당한다. 6세기 후반일 것이다. 이러한 연대는 함평을 비롯한 영산강 유역의 대형 옹관묘와 대형 석실분들이 소멸하는 시기와 비슷하다. 석계고분군은 이곳의 유력세력이 백제화되어 가는 과정으로 이해된다.

함평천을 따라서도 많은 고분이 있다. 그중 특히 주목을 받는 것은 금산리 방대형고분이다. 규모가 큰 데다 출토물, 고분의 위치 등이 많은 이야기를 담고 있다. 남도지방에서는 최대급에 속하는 거대 고분일 뿐 아니라 흔하지 않은 이음돌 무덤 즙석분 으로, 영산강 유역에서도 발견되지 않아 이 지역에서는 새로운 묘제 양식인 셈이다.

이 고분의 위치가 예사롭지 않다. 고분은 함평만에서 함평천으로 넘어가는 고갯마루에 있다. 동쪽으로는 함평천과 들판이 내려다보이고 서쪽으로는 함평만이 펼쳐진다. 세 차례의 발굴조사 후에도 매장시설과 관련한 명확한 내용이 확인되지 않아 고분의 성격 규명에 관한 과제가 남아 있지만 그간의 발굴조사에서 수습된 것들만으로도 많은 관심을 끌었다. 일본과 관련이 있는 형상식륜에 이어 인물식륜이 출토된 것이다. 5세기 중국 남조시대의 도자기가 함께 발견되기도 했다. 축조 시기는 5세기 말에서 6세기 중엽으로 추정한다.

이 무덤의 주인공은 넓고 풍요로운 함평천 들판을 바탕으로 성장한 세력의 수장일 것이다. 마한의 한 소국일 수도 있다. 그들은 6세기까지 백제의 세력권에 흡수되지 않고 함평만의 연안항로를 통해 일본, 중국과 교류하면서 독자적인 영향력을 행사하고 있었다.

이 무덤에서 700여 미터 거리에 바다와 좀더 가까운 구릉의 끝부분에 장고분이 있다. 바로 앞까지 바닷물이 들어왔을 곳이다. 이 무덤도 방대형 고분과 같은 이야기를 하고 있다.

진취적이고 개방적인, 당당한 함평의 역사를.

함평에는

몇 개의 마한 소국이 있었을까

대한민국과 마한

우리나라 이름, 국호 國號 는 대한민국 大韓民國 이다. 대개 나라 이름에는 고유한 명칭들이 들어 있다. '대한민국'이라는 이름에서 고유 명칭은 '한'이다. '대'는 '대영제국' 등에서와 같은 접사 接辭 이고 '민국'은 국민이 국가의 주인이라는 일반명사이다. 실질적인 국호는 '한'인 셈이다. 우리 민족을 '한민족 韓民族'이라고 부르는 것도 여기서 비롯되었다.

'한'이란 호칭은 기원 紀元 전후 한반도 남쪽에 자리 잡았던 '삼한 三韓'에서 나왔다. 고조선이 쇠퇴할 무렵 한반도 남쪽에는 삼한, 즉 마한 馬韓, 변한 弁韓, 진한 辰韓 이라는, 국가라고 하기에는 느슨한 연맹체가 있었다. 삼한은 고조선 마지막 왕인 준왕이 위만으로부터 도망쳐와 한반도 남쪽에 자리를 잡고 스스로를 한왕 韓王 이라 칭하면서 비롯되었다고도 한다. 그래서 삼한이 고조선의 정통을 이었다고 한다. 이러한 인식은 '삼국통일' 대신 '삼한통일'이라고 했던 신라의 역사의식에서 비롯해 고려, 조선시대에도 이어졌다. 고종이 조선이라는 국호를 '대한제국'으로 바꾼 것도 같은 이유이다. 대한민국도 실질적인 국호라 할 수 있는 '한'으로 삼한을 계승한 것이다.

삼한 중 마한은 지금의 경기도·충청도·전라도 서해안 지역에 있었다. 함평은 마한에 속했다. 경상북도 지역에 있었던 진한은 신라로, 낙동강 지역의 변한은 가야로 발전했다.

마한 이야기

서기전 1세기–서기 3세기경 한강 유역으로부터 충청·전라도 지역에 분포한 여러 정치 집단을 통칭해 '마한'이라 했다는 것이 그간의 일반적인 견해였다. 그러나 지금은 함평을 비롯한 영산강 유역의 마한 소국들이 6세기 후반까지도 그 세력을 유지했던 것으로 본다. 영산강 유역의 마한 문화권에 대한 연구가 활발해지면서부터다.

  마한에 대한 첫 기록은 중국의 「삼국지」 '동이전'에 있다. 이 기록에는 마한 지역에 위치한 54개 소국 小國 의 명칭이 열기되어 있는데, 큰 것은 1만여 가 家, 작은 것은 수천 가였다고 한다. 실제로는 그보다 훨씬 많은 소국이 있었을 것이다. 규모가 큰 나라의 지배자는 '신지 臣智', 작은 것은 '읍차 邑借'라고 하였다.

  마한을 형성한 주체에 대해서는 이곳에 살고

있었던 토착 집단이라는 견해도 있고, 고조선 멸망 이후 정치적 격변기마다 북에서 선진 문화와 함께 온 유이민 집단이라는 견해도 있다. 북쪽 유이민계의 대표적인 예가 백제百濟다. 백제는 북에서 내려온 마한 소국 중 하나인 온조 집단의 백제국伯濟國을 기원으로 한다.

    마한의 주도 세력은 목지국目支國이었다. 백제국도 목지국에 왕을 상징하는 동물인 신록神鹿을 보내거나 전쟁 포로를 바치는 등 맹주국에 대한 우대의 격식을 취했다. 그러나 당시 마한 소국 간의 결속 기반은 무력을 배경으로 하는 지배·복속 관계나 마한 전역을 포괄하는 강력한 연맹체의 수준에는 미치지 못한 듯하다.

백제가 세력을 키워나가면서 마한 소국 연맹체 내부의 세력 판도에 변화가 일어난다. 백제는 점차 주위의 소국들을 병합해갔다. 3세기 중반 이후에는 세력 범위를 한강 유역으로부터 충청남도 지역까지 확대하면서 목지국 중심의 조직체를 약화시키고 독자적인 세력권을 확립하게 된다. 그러나 백제국의 세력권에 포함되지 않은 남부 지역의 마한 소국들은 비록 세력권이 줄어들기는 했으나 종래의 기반을 토대로 독자적인 세력권을 유지했다.

    백제가 마한 전 지역을 언제 완전히 통합했는가에

대한 견해도 바뀌고 있다. 그동안은 백제가 가장 왕성한 시기였던 근초고왕 대인 4세기 중후반으로 보는 견해가 다수였으나 영산강 유역의 고분과 그곳에서 발굴된 유물을 중심으로 그보다 훨씬 후인 6세기 말로 보는 것이 대세다. 오히려 4세기에서 6세기 동안 이 지역의 세력이 더욱 왕성했다는 것이다. 백제는 고구려에 밀려 예전의 힘을 잃었고 이 시기에 영산강 유역의 마한 세력은 왜나 중국, 가야 등과 활발하게 교류하면서 그들만의 독특한 문화를 만들어 갔다. 영산강 유역에 등장한 대형 고분이 이를 잘 말해준다.

2-3개의 마한 소국이 함평에 있었다

함평도 마찬가지다. 고분들이 밀집해 있는 지역을 중심으로 마한의 2-3개 소국이 함평에 있었을 것으로 본다. 함평의 고분은 함평천과 고막천 유역에 밀집되어 있다. 함평천 상류 대동면 금산리 방대형고분 지역, 함평천 하류의 학교면 마산리 표산고분 지역, 고막천의 상류 월야면 예덕리 신덕고분 지역에 밀집되어 있다. 고분의 변천 양상도 뚜렷하다. 사다리꼴 모양의 제형분 梯形墳 에서 규모가 커진 대형 봉분 무덤인 고총고분 高塚古墳 단계를 지나 백제 석실분으로 변한다.

고분은 방형도 원형도 아닌, 그래서 부정형 또는 말각방형 末角方形 이라고 하는 모양에서 사다리꼴, 긴 사다리꼴의 제형분으로 정형화되면서 매장 시설도 나무널무덤에서 독널 옹관 무덤의 형태로 변화한다. 분구는 수평으로 확장된다. 예덕리 만가촌고분군이 이를 잘 보여준다. 이러한 제형고분은 함평천 상류에서는 진양리 중랑 유적 등에서, 하류에서는 학교면 월산리 신흥동 유적, 마산리 표산 유적 등에서도 확인되었다. 모두 금산리 방대형고분이나 마산리 표산고분과 1-2km 내의 가까운 지역이다. 만가촌고분군에서 멀지 않은 월야면 월야리 순촌 유적에서도 다수의 제형분을 확인했다.

함평 지역의 정치체가 마한 소국으로 성장하는 과정에 분구는 제형분으로 정형화하고 새로운 매장시설인 독널을 채택해 발전시키면서 마한의 정체성을 확립했다. 또한 함평 지역 마한 세력은 선진문물의 유입을 통해 성장의 동력을 얻고자 했다.

고총고분 단계에는 함평천 유역과 고막원천 상류에 방대형과 장고형 등의 새로운 분형이 등장하고 매장시설은 대체로 굴식 돌방이다. 함평천 상류는 금산리 방대형고분을 중심으로 고분이 집중되어 있다. 이 지역의 유력집단은 함평만을 통한 연안항로를 통해 왜, 중국 등과 활발하게 교류하면서 그리고 왜계 고분문화를 적극적으로 도입하면서 정치 세력화한 것으로 이해된다.

함평천 하류 지역은 마산리 표산 유적에 기반한 세력을 바탕으로 마산리 1호분 장고분 을 축조함으로써 하류의 유력집단은 정치 세력화됐을 것이다.

고막원천 상류 지역의 신덕 1호분은 만가촌고분군과 순촌고분군을 기반으로 한 세력을 바탕으로 정치 세력화하는 과정에서 왜계 고분 문화와 백제의 고분 문화를 적극적으로 도입하였다.

이렇듯 함평 지역 정치체는 성장의 동력으로 왜계, 중국 등과 적극적으로 교류하면서 동시에 백제와의 관계에도 힘써 지역의 통제력을 강화한 것으로 보인다. 이 지역의 정치세력은 백제와 왜의 관계 속에서 문화적 독자성을 확보했던 것이다.

백제식 돌방무덤은 함평천 하류와 고막원천 상류 일대에 집중되었다. 분형은 원형이다. 백제가 도읍을 사비 부여 로 옮긴 이후 매장시설로 사비식 돌방이 사용되었다. 함평천 상류에서는 진양리 화동고분의 매장시설이 이를 말해준다. 화동고분은 금산리 방대형고분의 남쪽

마한 소국이 있었을 것으로 보이는 함평천 상류의 고분 분포 지역.
①은 사다리꼴의 제형고분이 있었던 중랑마을 유적지, ②는 고총고분인 방대형과 장고분, ③은 백제식 돌방무덤으로 이루어진 화동고분군이다.
동쪽에는 함평천을 따라 넓은 들판이, 서쪽에는 왜·중국과의 교류 통로가 되었을 함평만 바다가 있다.

1km쯤에 있다.

함평천 하류의 학교면 마산리 표산 유적에서는 사비식 돌방이 3기 확인되었다. 장고분을 만든 이후에 유력세력으로 성장했고, 사비기 이후에도 마산리 고분군으로 대표되는 집단은 일정한 지역을 통제하는 정치세력으로서 자리매김했을 것으로 보인다.

고막원천 상류 지역은 월야면 예덕리 신덕 2호분을 정점으로 그곳에서 1km쯤 북쪽에 있는 월계리 석계고분군 등으로 대표되는 유력집단이 존재한다. 석계고분은 돌방의 구조가 사비식이다. 함평 지역의 정치세력이 백제에 복속되면서 무덤의 양식도 백제의 사비식으로 바뀌어 갔다.

함평의 고분과 유적들은 함평천과 고막천, 그 주위의 넓은 들판을 배경으로 상당한 세력이 6세기 말까지 있었음을 보여준다. 마한의 2-3개 소국이 함평에 있었을 것이라는 추정도 이를 바탕으로 한다.

마한시대 함평 중랑마을 이야기

2015년 10월 22일부터 '고대 함평 중랑마을의 주거와 장제'라는 특별전시회가 목포대학교박물관에서 열렸다. 이 전시에서는 지난 1999년 목포대학교박물관에서 발굴조사한 함평 중랑마을 출토 유물을 통해 당시 이 마을에서 살았던 사람들의 생활 모습을 복원해 보여주었다.

중랑 유적지는 함평에서 영광으로 가는 23번 국도에서 서해안고속도로 함평인터체인지로 들어가는 곳의 한국도로공사 함평지사 부근이다. 함평읍 진양리 하느리라고도 하는 중랑마을 남쪽, 석기시대 유물이 출토되었던 당하산 동쪽 자락에 자리한 마한시대의 대표적인 마을 유적이다. 마을 동쪽은 함평천이 흐르는 들판이고 서쪽으로 500미터쯤 가면 서해안의 함평만 바다다. 살기 좋은 곳일 뿐만 아니라 주변 지역과 왕래가 용이한 곳이다.

마을에서는 200여 동의 집들이 10여 개의 군집을 이룬 채로 발견되었다. 이는 호남지방에서 조사된 단일 유적 중에서 가장 많은 주거지가 확인된 사례다. 이 중에서 40여 동은 화재로 인해 폐기된 상태로 확인되었다. 당시에는 집을 나무와 풀, 그리고 흙으로 지었기 때문에 폐기된 이후에는 모두 토양화가 이루어져 그 흔적을 찾기가 어렵다. 그러나 화재로 폐기된 집 자리는 생활

도구 등이 잿더미 속에 그대로 묻힌 까닭에
그 흔적이 비교적 잘 남아 있다.

    중랑마을에서는 이처럼 화재 입은 집 자리가
40여 동 확인되었다. 이를 통해 중랑인들의 집의 구조와
생활 모습을 복원해 볼 수 있다.

전시회에서는 기둥 자리를 토대로 집을 복원했다.
이곳의 집들은 기둥 시설을 설치한 방법에 따라 크게
3개 유형으로 나뉜다. 기둥의 흔적이 없는 것과
벽 가장자리에만 기둥을 촘촘히 세운 것, 중앙에 4개의
중심기둥을 세운 것이 대표적이다. 기둥의 흔적이 보이지
않는 곳은 벽체를 쌓아 올린 것으로 보았다. 벽면을 따라
벽체로 추정되는 점토 덩어리가 확인되었기 때문이다.

    한쪽 벽에는 난방과 취사를 겸하는 부뚜막이 있고
부뚜막에는 솥을 걸 수 있는 자리도 만들었다.
부뚜막 옆에는 조리용 토기나 음식물을 담아두는
항아리 등이 있었다. 집 내부에서 많은 양의 탄화 밀이
발견되었는가 하면 화덕자리에서 조류 뼈가 출토되기도
했다. 당시 이곳에 살던 사람들의 먹을거리를 추정해볼
수 있는 단서이기도 하다. 부뚜막의 반대편에
출입구가 있다. 외부로부터 열 손실을 최소화하기
위해서였을 것이다.

위부터 중랑 유적지 발굴 당시 모습, 기둥이 없는 집터와 출토 유물.
ⓒ 목포대학교박물관

전시회에서는 기둥 자리를 바탕으로 당시의 집을 복원해 선보였다. 위부터 기둥의 흔적이 보이지 않는 무주형, 6개의 기둥 흔적이 발견된 6주형, 4개의 기둥과 벽체 흔적이 발견된 4주 및 벽주형 집의 모습이다.
ⓒ 목포대학교박물관

마을에는 대장간도 있었다

21개의 집터 내부에서는 철을 제련하거나 가공할 때 발생하는 철 찌꺼기가 다량으로 확인되었다. 철제 농기구와 무기류도 출토되었다. 철 소재를 가열하기 위한 노 爐 시설도 집 자리 주변에서 확인되었다. 철을 다루는 전문 장인 집단이 이곳에 살고 있었음을 알 수 있다.

철을 추출하는 고도의 기술인 제련 공정의 흔적은 발견되지 않았다. 아마도 외부로부터 1차 철 소재를 구입해 집안이나 집 주변에서 일상용 철기를 제작한 것으로 보인다. 철 소재인 철정이 묶음 채로 발견됐다. 초기에는 농기구를 만들었고 점차 화살인 철촉 같은 무기류도 제작했음을 알 수 있다. 이렇게 만든 제품들은 함평천 주변 마을에도 유통되었을 것이다. 중랑 마을은 넓은 들판뿐만 아니라 제철 관련 생산품이나 기술을 배경으로 대외관계를 정립함으로써 중랑 유적이 함평천 일원의 정치적 중심지로 성장했다고 판단된다.

반경 1km 이내에 대동 금산리 방대형고분, 손불 죽암리 장고산고분, 함평읍 진양리 화동, 대덕리 고양고분 등도 이를 말해준다.

주거지의 연대는 대부분 서기 3-5세기 대에 해당하며,

중심 시기는 영산강 유역에 옹관고분이 발생한 3세기 후반부터 4세기 대로 볼 수 있다. 영산강 유역에서 지역 단위에 기반을 둔 정치체들이 성장하는 시기와 때를 같이하고 있다. 이 시기에 주거지 수가 급증했다.

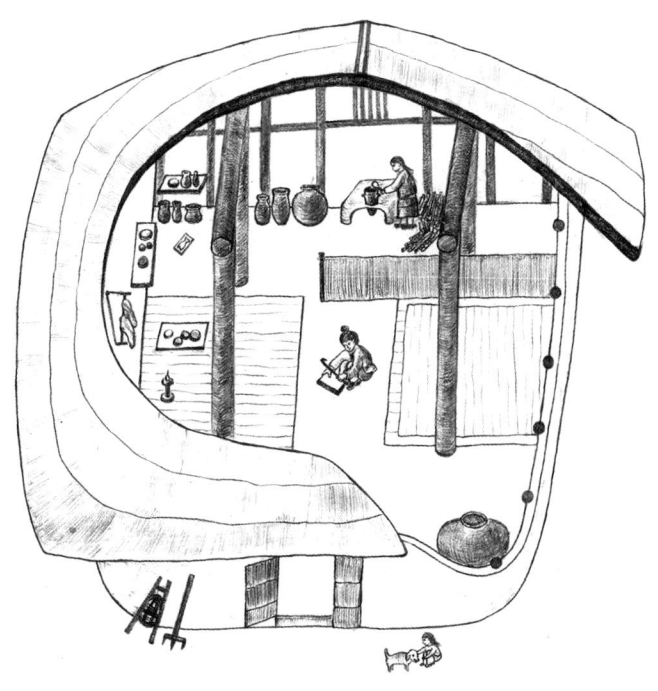

전시회 팸플릿에 담긴 고대 중랑마을 어느 집의 상상 스케치.
ⓒ 목포대학교박물관

제2부

삼국-
고려시대의
함평

마한,

백제 그리고 함평

마한 세력이 최후까지 존재한 것으로 보이는 함평을 백제가 지배한 것은 언제부터였을까? 백제의 역사를 살펴보면 이를 알 수 있다.

백제는 기원전 18년에 온조가 세운 나라다. 「삼국사기」에는 도읍지를 하남 위례성이라고 했으나 그 정확한 위치는 아직 모른다. 최근까지의 발굴 성과로 보면 서울 한강변 풍납토성 부근이 가장 유력하다. 처음에는 마한의 54개 소국 중 하나로 출발했으나 점차 세력을 키워 마한 소국들을 통합해 나가면서 국가로서의 모습을 갖추게 된다.

가장 전성기라 할 수 있는 근초고왕시대 346-375년 에는 서울, 경기, 충청, 호남을 망라하고 고구려의 평양까지 쳐들어가기도 했다. 369년에는 가야 지역 일부를 평정하는가 하면 침미다례라는 마한의 소국을 정벌하고 주변 소읍들의 항복을 받았다. 「일본서기 日本書紀」에 있는 기록이다. 그동안 우리 역사학계는 이 기록을 바탕으로 4세기에 마한이 백제에 의해 소멸한 것으로 보았다.

그러나 이는 일시적인 정벌이었다. 이후 서남해안과 영산강 유역의 마한세력은 오히려 전성기를 맞는다. 고분의 규모가 커지고 대형 옹관이 등장한다. 고구려와 긴장 관계에 있었던 백제가 고구려에 밀려 도읍을 웅진 공주 으로 옮긴 전후의 시기다.

475년 웅진으로 온 백제는 한동안 혼란기를 겪다가 동성왕대에 들어서서 안정을 찾는다. 498년 동성왕이 무진주 ^{광주} 에 온 기록이 있다. 「삼국사기」에는 그해 8월 초 "동성왕은 탐라 ^{耽羅} 가 공물을 바치지 않는다는 이유로 친히 정벌하며 무진주에 이르렀다. 탐라가 이를 듣고 사신을 보내 죄를 빌어 그만두었다"라는 기록이다. 탐라는 제주도로 보는 것이 일반적이긴 하지만 근래에는 위의 탐라를 해남, 강진 지역으로 보는 설이 제기되었고 많은 학자들이 이를 지지하고 있다. 아무튼 이 기록은 영산강 유역에 대한 백제의 영향력이 커지기 시작했음을 시사한다.

그런가 하면 526-536년 무렵 중국 양 ^梁 나라에 파견된 외국인 사절을 그린 그림인 〈양직공도 ^{梁職貢圖}〉는 여전히 마한세력이 존재하고 있음을 말해준다. 〈양직공도〉에는 6세기 전반을 중심으로 양나라에 사신을 보냈던 12개 나라 사신의 용모를 그린 그림과 그 나라 사정에 관한 여러 기록이 있다. 이 〈양직공도〉에 521년 백제 무령왕이 파견한 백제 사신의 모습과 189자의 백제에 관한 설명이 있다.

그 내용 중에는 백제 주변의 작은 나라들인

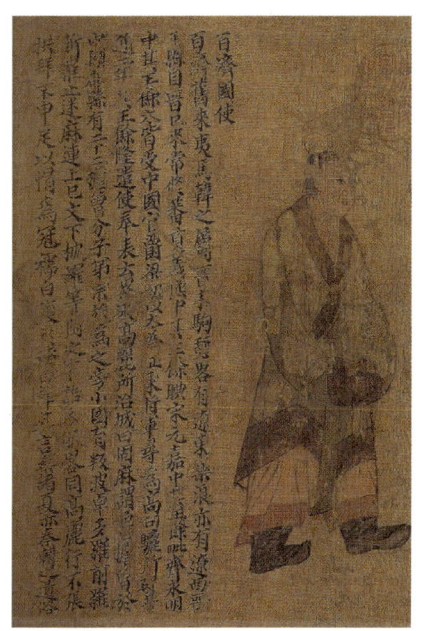

〈양직공도〉의 백제 부분.
백제 사신의 용모를 그린 그림과 백제에 관한
189자의 설명이 있다.

'백제 방소국 方小國'의 이름이 나온다. 당시에도 백제에 통합되지 않은 마한 제국들이 호남 지역에 존재하고 있음을 말해주고 있다.

함평, 백제의 두 개 현(縣)으로

영산강 유역의 마한 소국들이 온전히 백제의 영역이 된 것은 그 이후일 것이다. 이어 백제의 제2 전성기를 이끈 무령왕이 영산강 유역 경략에 나섰고 상당한 성과를 거두었다. 그리고 538년 성왕 대에 도읍을 사비 부여 로 옮기면서 이 지역을 완전히 장악하게 되었다. 확대된 영토를 효과적으로 통치하기 위해 그동안의 '담로제'라는 지방지배조직을 5방제로 개편한다. 이때부터 영산강 유역은 백제의 정식 영토가 되었다. 함평도 마찬가지다. 6세기 후반의 일일 것이다.

    백제시대 함평 지역의 행정 편제와 명칭은 「삼국사기 지리지」를 보면 알 수 있다. 이에 따르면 함평은 무안군 무안읍 고절리 일대에 행정기관이 있는 치소 治所 를 둔 물아혜군 勿阿兮郡 에 속했다. 물아혜군은 굴내현 屈乃縣, 다지현 多只縣, 도제현 道際縣 을 속현으로 두었다. 굴내현은 함평읍, 대동면, 손불면 일대를 관할하였으며 그 중심지가 대동면 금산리와 함평읍 진양리 일대였을 것이다. 다지현은 해보면 상곡리 일대에 치소를 두고 해보면, 월야면, 나산면 등 고막천 상류를 관할했다. 도제현은 무안 해제면 등 무안반도 지역이다. 굴내현과 다지현은 함평천과 고막천 상류 고분이 말해주는 마한시대의 소국이 그대로 '현'이라는 행정구역이 된 것이다.

굴내 屈乃 라는 명칭 또한 구주포 부근의 포구가 오랫동안 굴내포 屈乃浦 라고 불렸던 것과도 무관하지 않다. 이때의 지역 명칭은 우리말을 한자의 음을 빌려 표기하는 음차 音借 였을 것이다.

지역 명칭이 중국식 한문으로 바뀐 것은 통일신라 경덕왕 대인 757년의 일이다. 이때 물아혜군은 무안군 務安郡 으로, 굴내현은 함풍현 咸豊縣 으로, 다지현은 다기현 多岐縣 으로 바뀐다.

함평에　　　　　김유신이 왔었다?

신라 흥무왕
유허비

신라의 삼국통일에 중추적인 역할을 한 김유신 장군에 관한 유적이 함평에 있다. 신광면 소재지에서 영광으로 가는 길을 따라 1km쯤 가면 흥무공원이 있다. 이곳은 신라 흥무왕 서군교 유허비 新羅 興武王 誓軍橋 遺墟碑 가 있어 흥무공원이라 부르게 되었다. 흥무왕은 김유신 장군의 또 다른 호칭이다. 그의 공적이 워낙 뛰어나서 사후에 '흥무대왕'으로 추봉한 것이다.

　유허비 뒷면에 새겨진 '유허비 실기 實記'를 보면 이 비는 1921년, 신광면 유천리에 사는 김유신 장군의 후손 김봉수라는 사람이 세웠다. 지금은 함평의 김해 김씨 金海 金氏 후손들이 한글로 번역한 비를 옆에 세워 그 내용을 쉽게 알 수 있다. 비문에는 흥무왕의 가계 家系 와 업적을 적고 그 내용을 후대에까지 알리기 위해 비를 세운다고 적혀 있다.

　함평과 관련된 내용은 김유신 장군이 백제군을 치기 위해 이곳을 지나다 서군교 誓軍橋 밑을 흐르는 물이 있어 말에 물을 먹이고 군사들을 쉬게 한 뒤 전열을 가다듬고 진군해 무안 몽탄의 파군교 破軍橋 에서 격파했다는 부분이다. 함평의 서군교는 흥무공원 바로 북쪽에 있었던 다리이다. 지금은 영광으로 가는 포장된 국도 위 낮은 다리라 잘 보이지 않는다.

　그러나 이를 뒷받침할 만한 흔적은 어디에도 없다.

신라 흥무왕 서군교 유허비가 있는
신광면 흥무공원.

당시의 사정을 보아도 김유신 장군이 이곳에 왔다고 추정하기는 어렵다. 김유신 장군의 군대는 탄현을 넘어 황산벌 전투를 거쳐 부여를 공격했다. 후에 백제 부흥군 토벌에 참여했으나 전남의 어느 지역에서도 큰 전투가 없었다. 백제 부흥군의 활동 무대는 충남, 전북의 일부 북부 지역이었다.

함평이나 무안에 사는 김해 김씨 가문에는 김유신 장군이 서군교에서 출발해 파군교에서 백제의 잔당을 격파했다는 전설 같은 이야기가 전해온다. 김유신은 신라에 통합된 가야 김수로왕의 후손이다. 철저한 골품제도로 운영되는 신라에서 가야 세력은 주변부일 수밖에 없었다. 어느 선 이상의 관리가 될 수도 없었다. 후에 왕으로까지 추봉된 김유신이 없었다면 가야 김수로 왕의 후손인 김해 김씨는 신라에서 설 땅이 없었을 것이다. 그래서 김유신은 김해 김씨의 자존심이라고 할 수 있다. 이 비를 세운 김씨도 가문에서 전해오는 이야기를 토대로 자랑스러운 조상을 기리는 비문을 썼을 것이다. 이 비가 조선시대 명종 대인 1561년에 세워졌다는 이야기가 전해지는 것도 이를 뒷받침한다.

그러나 서군교와 함께 등장하는 몽탄의 파군교는 김유신보다는 왕건과 관련된 이야기가 많다.

후삼국시대의 함평을 이야기할 때 서군교를 다시 살펴보겠다.

가을에

더욱
아름다운 절,

용천사

꽃무릇으로 유명한 용천사龍泉寺는 해보면 광암리 모악산 자락에 있는 사찰이다. 용천사라는 절 이름은 대웅전으로 올라가는 계단의 오른쪽에 있는 샘에서 비롯되었다고 한다. 이 샘은 시해와 연결되었는데 여기에 살던 용이 승천하여 이 샘을 '용천龍泉'이라 불렀고 그래서 절 이름도 '용천사'라 했다는 이야기가 전한다.

용천사는 역사나 규모로 볼 때 함평의 대표적 사찰이다. 고려시대 이후 함평에도 여러 사찰이 있었으나 정유재란이나 한국전쟁 때 불타버린 후 복구되지 않아 절터만 남아 있을 뿐이다. 고산사지高山寺址, 군유사지君遊寺址, 대굴사지大堀寺址, 해보의 석불입상 등이 스러진 옛이야기를 전할 뿐이다.

용천사는 가을이 특히 아름답다. 추석 전후 꽃무릇이 한창 필 때가 가장 아름답다. 4km에 이르는 모악산 등산로와 용천사 진입로 양편에 빨갛게 만발한 꽃무릇이 손님을 맞는다. 절이 가까워질수록 더 많은 꽃무릇이 눈길을 사로잡는다.

매년 9월 중순쯤에는 이곳에서 '꽃무릇축제'가 열린다. 지금은 함평군에서 주최하지만 20여 년 넘게 해보면에서 일구어 온 소박한 축제다. 그러나 길 주위, 산등성이, 절 주변을 감싸고 피어 있는 꽃무릇의

용천사 전경(위).
용천사 꽃무릇공원(아래).

아름다움은 어디서도 맛볼 수 없는 또 다른 기쁨을 준다.
2000년부터 용천사 꽃무릇축제를 시작하면서
해보면 주민들이 직접 심고 가꾼 꽃무릇이다. 해보면
주민들은 꽃무릇공원을 조성하고 용천사로 가는
도로변은 물론 논두렁에도 꽃무릇을 심었다. 이후에는
함평의 다른 도로변에도 꽃무릇을 심었다. 이제는 가을이
되면 함평 어디에서도 쉽게 꽃무릇을 볼 수 있다.

꽃무릇은 상사화 相思花 와 같다고도 하고
다르다고도 한다. 구별하기가 힘들다. 꽃이 지고 나면
잎이 나서 꽃과 잎이 만나지 못하는 것도, '이루어질 수
없는 사랑'이라는 꽃말도 같다. 비슷한 시기 인근의
영광 불갑사에서는 '상사화축제'가 열린다.

용천사가 언제 창건되었는가는 여러 설이 있다.
함평군의 문화유산을 소개한 자료들에 따르면 백제 무왕
1년인 600년에 행은존자 幸恩尊者 가 창건했다고 한다.
용천사 주지스님이 운영하는 유튜브에서는 백제
침류왕 1년인 384년에 인도 승려 마라난타가 창건했다고
한다. 그러나 이를 뒷받침하는 자료가 없어 그대로
믿기는 어렵다.

반면 2001년 전남대 박물관의 '용천사 발굴조사
보고서'는 조선시대의 기록을 들어 통일신라시대인

700년대에 창건된 것으로 본다. 많은 불전 佛典 을
간행하여 당대 명승으로 알려진 백암 성총 栢庵性聰, 1631-1700
스님은 그가 지은 「함평 용천사 숙석루계권문
咸平龍泉寺熟石壘階勸文」에서 신라시대 행은존자 行恩尊者 가
창건했다고 한다. 또 숙종 31년 1705년 의 「용천사
대웅전 현판 단청기 大雄殿懸板丹靑記」에는 통일신라시대인
당나라 현종조 712-756 에 국행사 國幸師 와 존사 尊思 가
창건했다고 기록되어 있다. 전성기에는 3천여 명의
승려가 머물렀다는 기록도 함께 있다.

    그래서 보고서는 용천사가 통일신라시대에
창건되었고 함평의 불교는 용천사를 중심으로
성장했다고 보고 있다.

    불교가 융성하던 고려시대에 더 커졌으나
정유재란 때 완전히 폐허가 되었다. 인조 대에 이르러서
법당을 새로 짓는 등 절의 면모를 다시 찾기 시작했다.
숙종 대 1705년 에 대대적인 중건이 있었다. 위에서 말한
「용천사 대웅전 현판 단청기」도 이때 지은 것이다.
이 무렵 절이 번성했음은 지금도 남아 있는 석등 石燈 이
잘 말해준다.

    석등은 절을 환하게 밝히는 기능뿐 아니라 부처님의
빛으로 사방을 비춘다는 상징적인 의미도 품고 있다.
용천사는 한국전쟁 때 불에 타서 거의 모든 유물이

사라졌는데 다행히 이 석등은 기둥 받침석의 상단에 붙어 있는 거북의 두 귀만 깨졌을 뿐 제 모습을 갖추고 있다. 거북 조각은 간략하게 묘사돼 있지만 그 모양이 세련미를 보인다. 석등 상부의 지붕돌은 목조건물의 팔작지붕 형식을 그대로 모방한 것으로 특이한 양식이다.

지방유형문화재 제84호로 지정된 이 석등은 1685년 숙종 11년 에 만들어졌다. 석등에는 만들어진 시기와 함께 시주한 사람들의 이름도 새겨져 있다. 높이가 2.3m로 크기나 짜임새 등이 투박하면서도 정감이 있어 대표적인 조선시대 석등으로 평가된다. 석등 옆에는 같은 시기에 만들어진 것으로 보이는 3층 석탑이 있다.

한국전쟁 당시 용천사에는 빨치산 불갑산지구 사령부가 주둔했다. 1951년 음력 1월 15일 군경합동토벌대의 작전 도중 화재가 발생해 사찰이 전소되었다.

1980년 절 마당을 정리하다가 흙 속에서 해시계를 발견했다. 동강이가 난 반쪽이었으나 금방 해시계임을 알 수 있었다. 석등과 돌의 재질이 똑같아 석등과 같은 시기에 만들어진 것으로 보인다.

용천사 석등 오른편에는 석등과 같은 시기에 세워진 3층 석탑이 있다.

용천사 마당의 흙 속에서 발견된 해시계.

그 이름이

심상찮은　　　　　　군유산 君遊山

함평에는 높은 산이 없다. 가장 높은 산이 함평에서는
모악산 母岳山 이라고 하는 해발 516m의 불갑산 佛甲山 이다.
산 정상에서 능선을 따라 함평군과 영광군이 경계를
이룬다. 산의 면적은 함평 쪽이 더 넓다. 그럼에도
산 이름과 같은 불갑면과 불갑사가 영광군에 있어
불갑산은 영광의 산으로 여겨지고 있다.

　　다음으로 높은 산이 영광과 경계를 이루고 있는
군유산으로, 해발 403m이다. 군유산은 손불면 북성리,
신광면 송사리, 영광군 군남면 대덕리, 용암리에
소재한다.

"군유산 줄기 타고 우뚝 솟은 손불교" 손불초등학교
교가의 첫 구절이다. "산수 좋고 역사 깊은 군유산 밑에"
신광초등학교 교가의 첫 구절이다. 군유산은 이렇듯
손불면과 신광면을 상징하는 산이다.

　　그런데 군유산이라는 이름이 심상치 않다. 군유산은
한자로 '君遊山'으로 표기한다. '君留山'으로 표기한 적도
있다. 임금이 놀다간 산, 임금이 머물렀던 산이다. 어쨌든
임금과 관련 있는 산 이름이다.

전설이 여럿 있다. 1930년대에 간행된 「함평군지」에는
고려 공민왕이 노닐다 갔다고 해 군유산이라 했다는

손불면 산남리 들판에서 본 군유산.

전설이 소개되었다. 이 이야기는 오랫동안 회자 膾炙
되었다. 필자도 어렸을 때 들었던 전설이다. 그러나
공민왕이 이곳에 왔다는 기록도 없고 여러 정황으로 보아
왔을 리도 없어 이 전설은 사실무근이라 할 수밖에 없다.

군유산 자락 신광면 송사리에는 삼천동이란 마을이
있다. 아무리 가물어도 물이 마르지 않는 샘이 마을에
세 곳 있다는 뜻에서 지금은 '三泉洞'이라 하지만 마을
노인들은 '三千洞'이라 표기하는 것이 옳을 것이라고
한다. 3천여 명 규모의 군대가 이곳에 주둔했다는 것이다.
이를 뒷받침하는 명칭들이 또 있다. 산골짜기에는
군사들이 말에게 먹이를 먹이는 '마구청 馬廐廳'이라는
곳이 있고 장군의 지휘소라는 의미의 '장군대 將軍臺'도
있다. 장군대 주위에서는 기와 조각이 출토되기도 했다.
그래서 백제 또는 백제 부흥군을 토벌하기 위해 김유신
장군이 이곳에 주둔했다는 전설 '신라 흥무왕 서군교 유허비'
참조도 있으나 김유신이 이곳에 주둔했다는 기록은
어디에도 없으며 정황상으로 보아도 설명이 안 된다.

가장 그럴듯한 전설은 고려를 세운 왕건 관련설이다.
실제로 왕건은 궁예의 태봉국 장수 시절에 나주, 무안,
함평 일대인 전남 서남해안에서 오랫동안 활동했다.
마침내는 영산강 일대에서 후백제 군을 물리치고

이 지역을 지배했다.

왕건, 군유산에 머물다

나주 시청 앞에는 완사천浣紗泉이라는 전설의 우물이 있다. 빨래하는 여인과 나그네, 버들잎이 등장하는 이야기가 전해오는 우물이다. 나그네는 왕건이고 여인은 그에게 버들잎을 띄워 물을 건네준 인연으로 후에 왕건의 부인이 된 장화왕후이다. 이들 사이에 태어난 아들이 훗날 고려의 두 번째 왕인 혜종이다. 이 우물은 왕건과 나주, 즉 영산강 유역을 장악한 왕건의 이야기를 전해주고 있다.

 왕건은 궁예의 부하 장수로 있던 시절 네 번이나 전남 지역에 왔다. 후백제의 배후인 나주를 중심으로 한 영산강 유역을 장악하기 위해서였다. 903년에 처음 왔을 때 나주의 토호인 오다련을 만나 군량미, 군마 등의 도움을 약속받았다. 오다련은 왕건이 완사천에서 만났다는 처녀의 아버지다. 909년에는 수군 등 2,500여 군사를 이끌고 온다. 다음해인 910년 '파군교 전투'라고도 불리는 무안 몽탄의 '덕진포 전투'에서 후백제군을 궤멸시키고 영산강 유역을 완전히 장악한다. 이를 통해

위는 나주 시청 앞에 있는 완사천(浣紗泉)이다.
전라남도 기념물 제93호.
아래는 완사천 바로 옆에 왕건과 장화왕후 오씨의 만남을
상상해 만든 조형물이다.

고려는 후삼국을 통일할 수 있는 기반을 마련했다.

　　1년여 동안 왕건의 군대는 어디서 훈련하고 전투를 준비했을까. 함평과 영광의 경계이자 함평만의 끝인 지금의 황화도항으로 왔을 것이다. 그리고 그곳에서 가까운 군유산에 머물면서 전투를 준비했을 것이다. 군사, 군마, 군량미 등은 나주의 오다련 등이 도와주었을 것이다. 장군대, 마구청, 삼천동, 군유산 등의 명칭이 이를 뒷받침한다. 912년에 세 번째, 914년에 네 번째 왔는데 세 번째 왔을 때 완사천에서 만난 나주인 오씨에게서 첫아들 혜종을 얻었다. 이러한 사정으로 볼 때 후백제는 936년에 멸망했지만 함평은 고려 건국 918년 때부터 나주 등과 함께 고려의 영토가 된 것으로 보인다.

고려시대 지방 행정조직의 근간은 도道, 주州, 군郡, 현縣 제도이다. 전국 12개 주州에 목牧을 설치해 중앙에서 파견한 목사牧使가 관리하도록 했다. 후백제 세력이 오래도록 버텼던 무진주광주는 격하되고 나주가 부상한다. 전라도에는 전주, 승주, 나주에 목이 설치되었다.

　　다기현은 모평현牟平縣으로 명칭이 바뀐다. 함평의 함풍현과 모평현은 나주목, 영광군 행정 체계에 속하게 된다.

해보면 상곡리 모평마을에는 모평현 치소가 있었을 것으로 추정되는 자리에 모평현 터 표지석이 있다.

팔려나갈뻔 했던
석불 石佛 —

고려시대의
불교
유물

고려는 불교 국가라고 해도 과언이 아니다. 태조 왕건은 불교의 도움을 많이 받았다. 고려 불교는 고려 개국 때부터 국가적 차원의 지지를 받아 크게 번창했다. 아들을 여럿 둔 집안에서는 스님이 되기 위해 출가한 아들을 하나씩은 두었을 정도로 불교는 일상생활에도 큰 영향을 주었다. 왕실에서도 마찬가지였다. 고려시대 가장 유명한 스님인 대각국사 의천은 11대 왕인 문종의 넷째 아들이었다. 인재를 뽑기 위한 과거시험에도 스님을 뽑는 승과가 있었다. 불교가 융성할 때 고려가 융성했고 불교가 문란해지면서 고려는 망하기 시작했다고 할 정도다. 수많은 절이 지어졌다.

함평에는 고려 때 세웠던 절이 하나도 남아 있지 않다. 기록에 의하면 7개의 절이 고려시대에 창건된 것으로 보인다. 조선 중종 시대에 편찬된 「신증동국여지승람 新增東國輿地勝覽」 '권28 불우조 佛宇條'에는 고산사 高山寺, 월양사 月良寺, 용천사, 서상사 瑞祥寺, 일명 君遊寺, 죽림사 竹林寺, 대굴사 大崛寺 등의 사찰 이름이 나온다. 용천사를 제외하고는 모두 고려시대에 창건된 것으로 보인다. 그러나 정유재란, 한국전쟁 등을 겪으면서 모두 폐사 廢寺 되었다. 절터와 불상 몇 점이 전할 뿐이다.

사연 많은 해보리 석불입상

가장 사연이 많은 유물은 '해보리 석불입상 石佛立像'이다. 이 석불입상은 해보면 해보리 모산마을 탑골이라 불리는 산 계곡에 있었다. 주위에 석탑이 함께 있었고 기와 조각, 잘 다듬어진 석재 등이 발견되어 절터였음을 알 수 있는 곳이다. 이 터에 함께 있었던 석탑은 땅의 주인이었던 파평 윤씨 문중에서 사당을 지으면서 주춧돌로 사용하는 바람에 없어졌다고 한다.

　1980년 8월경 파평 윤씨 문중에서는 이 석불을 누군가에게 매각해버렸다. 석불은 고개 너머 발미마을 길가로 옮겨져 실어 갈 차량을 기다리고 있었다. 이 소식을 듣고 달려간 함평의 향토사학자 고 이현석 씨에 의해 군과 도에 알려졌고 도의 긴급조치로 다른 곳으로 반출되는 것을 막았다. 군청으로 옮긴 석불은 1982년 4월 함평군민회관 앞뜰로 옮겨져 군민의 품으로 돌아왔다. 1990년 2월에는 전라남도 유형문화재 제171호로 지정되었다.

　군민회관 앞뜰에 있던 석불은 2013년 8월 기산봉 중턱에 있는 관음사라는 절로 옮겨졌다. 어떤 연유로 이곳으로 옮겨졌는지는 알 수 없으나 생긴 지 얼마 되지 않은 관음사는 유서 깊은 문화재를 보유한 사찰이

함평읍 관음사 경내에 있는 석불입상.

되었다. 당시 군내 사찰들의 유치 경쟁이 치열했다고 한다.

　높이는 3m 정도이며, 인물의 성스러움을 드러내기 위해 머리 뒤에 빛을 표현한 원 모양의 광배 光背 와 불상을 올려놓은 대좌 臺座 를 갖춘 채 서 있는 석불로, 비교적 보존 상태가 좋은 편이다. 민머리 위에는 상투 모양의 육계가 높이 솟아 있고, 얼굴은 계란형이며, 온화한 표정을 짓고 있다. 눈·코·입이 뚜렷해 사실적으로 보이며, 목에는 한 줄의 선이 명확하게 새겨져 있다. 옷은 왼쪽 어깨에만 걸쳐져 있고, 몇 개의 선으로 표현된 옷 주름은 평면적이다. 두 팔을 구부려 가슴 앞에서 'ㅅ' 자 모양으로 두 손을 잡고 있는데, 이러한 모습은 화순 운주사 석불들에서도 찾아볼 수 있다.

　연꽃으로 장식한 대좌는 특이하게 불상의 신체 부분과는 따로 양발을 대좌에 새겨놓았다. 이 같은 기법은 통일신라시대 8-9세기경 경주 남산의 석불에서도 볼 수 있다. 머리 뒤에는 두 줄의 둥근 띠를 두른 머리 광배가 있고 그 주위를 불꽃무늬로 장식했다. 도식적인 옷 주름이나 직선으로 뻗은 몸체의 모습 등에서 고려시대의 양식이 나타나며 만들어진 시기는 고려 초기로 추정된다.

고산사지 마애여래좌상

바위에 새긴 고려시대 마애여래상 두 기가 전한다.
하나는 대동면 향교리 고산사지 高山寺址 마애여래좌상
磨崖如來坐像 이다. 고산사 터는 함평향교 뒤 저수지를
지나 1.5km가량 떨어진 고산봉 중턱에 있다. 마애불은
그곳에서 100m 떨어진 북쪽 바위에 새겨져 있다.
마애 부처의 윤곽은 뚜렷하나 마모가 심하고 시멘트를
발라 훼손된 부분도 있어 정확한 모습은 알 수가 없다.
그러나 그 앞에 서면 우람한 분위기를 느낄 수 있다.
전체 높이가 3.7m쯤 된다.

마애여래좌상은 바위의 가장자리에서 안쪽으로
들어가면서 깊이 깎아내어 바위 면이 불상을 감싸고 있는
모습이다. 광배 光背 를 강조해 굵게 돋을새김한 후
마애불을 입체적으로 조각했다. 연꽃무늬가 새겨진 원
모양의 광배를 마련하고 머리를 조각했던 것으로 보인다.

몸에 비해 머리가 아주 작아 균형이 맞지 않아
보인다. 원래 그랬었는지 목 잘린 다른 부처들처럼
머리가 훼손되자 누군가가 후에 시멘트로 만들어 붙인
것인지는 정확히 알 수가 없다.

바위에 남아 있는 홈으로 미루어 보아 보호각이
설치되었던 것 같다. 함평군 내에서는 유일하게 완형 完形

마애불이다. 고려 초기에 조성된 것으로 추정된다.

손불 사기봉 마애불

또 하나는 손불 북성리 사기마을 뒷산에 있는 사기봉 마애불 沙器峯 磨崖佛 이다. 군유산 지봉인 해발 357m의 사기봉 정상 바로 아래에 높이 15m, 폭 5m 정도의 자연 암반이 수직으로 솟아 있다. 이 바위의 편평한 두 면에 각각 마애불이 새겨져 있다. 선線으로 새긴 것 선각 線刻 이다. 지금은 많이 희미해져 눈으로 그려가며 봐야 한다. 온화한 얼굴에 눈은 감은 듯 뜬 듯하고 미소가 희미하게 보인다.

군유산에서 사기봉으로 내려오는 능선이 함평과 영광의 경계다. 그 능선 오른쪽인 영광군 군남면에 연흥사 烟興寺 라는 절이 있다. 그곳에 고려 초기에 축조된 것으로 보는 3층 탑재가 있는데 비슷한 시기에 이 마애불도 조성된 것으로 보인다.

고산사지 마애여래좌상
(高山寺址 磨崖如來坐像).
ⓒ 동신대학교 문화박물관

사기봉 마애불(沙器峯 磨崖佛).
ⓒ 동신대학교 문화박물관

함평의 　　　　　　유일한 보물,

고막천 석교 古幕川 石橋

고막천 석교는 함평에 있는 유물, 유적 중 유일한 보물이다. 2003년 지방유형문화재에서 보물로 승격, 지정되었다. 보물 제1372호다.

이 석교는 학교면 고막리 고막천에 있다. 고막천은 월야, 해보, 나산을 거쳐 영산강으로 흐른다. 함평 동쪽 지역의 북에서 남으로 흐르는 천으로 그 주변의 넓은 들판은 당당한 함평 고대 문화의 터전이 되었다. 학교면 고막리에서는 함평군과 나주시의 경계를 흐른다. 고막천 석교는 이곳의 고막천을 동서로 가로지르는 다리이다. 옛날에는 함평에서 나주나 영산포 등으로 통하는 유일한 다리였다.

돌로 만든 탑이나 다리 중 그 가치를 높이 평가받는 것은 마치 나무로 만들 듯이 만든 것들이다. 익산의 미륵사지 석탑이 우리나라 최고의 석탑으로 평가받는 것은 목탑 형식을 빌린 석탑이기 때문이다. 그런데 고막천 석교가 바로 나무다리의 형식을 빌려 만든 돌다리이다.

다리의 길이는 20m이며, 폭은 3.5m, 높이는 2.5m이다. 다섯 줄의 교각에 멍엣돌을 올리고, 상판은 장방형의 판석을 우물마루 형식으로 짜 맞추었다. 결구 結構 공법이다. 이런 방식은 축조 당시의 목조 건축과 관련이 있다는 해석을 가능케 한다. 즉 널다리를

축조하면서 목조 건물의 뼈대 가구 架構 를 만드는
결구 수법을 도입한 것이다. 강바닥에 나무말뚝을 촘촘히
박아 지반을 보강해 다리의 기초를 만든 뒤 그 위에
큼지막한 받침돌을 놓았고 그 주위로 일정 두께의 잡석을
깔았다. 받침돌 위에 거칠게 다듬은 장방형 굄돌을
두셋씩 올려 교각을 형성했다.

    고막다리는 간결하면서도 투박한 인상을 준다.
큰 석재를 다듬거나 따로 모양을 내지 않고 돌기둥으로
세웠다. 그 위에 평평한 노면을 만들었다. 가운데에는
중간석을 끼워 노면을 2개의 구역으로 갈라놓았다.
흡사 칼로 두부를 자른 것처럼, 큰 돌을 자유롭게 자르고
짜 맞췄다. 그래서 대청마루 같다.

    마치 나무를 베어 내듯 자유롭게 돌을 자르고
짜 맞춘 솜씨가 돋보이는 이 다리는 물이 자주 넘치는
고막천의 물살을 7백 년 동안이나 버틸 정도로 견고하게
만들어졌다.

    언제 누가 축조했는지 기록은 찾을 수 없고
고려 원종 14년 1273년 무안군 몽탄면 법천사의
도승 고막대사 古幕大師 가 도술로 하루 만에 이 다리를
놓았다는 전설만 전한다. 고막천, 고막리, 고막원 등의
이곳 지명도 고막대사에서 비롯된 것 같다. 오래된
다리여서 여러 이름으로 불렸다. 돌다리여서 '독다리',

길이 20m의 고막천 석교. 고막천을 가로지르는 나머지 부분은 현대에 다시 만든 콘크리트 다리와 연결돼 지금은 농로로 사용하고 있다.

마을에서 떡을 만들어 이 다리를 지나 나주, 영산포 등지에 팔았다 해서 '떡다리' 또는 '똑다리'라 불렸다. 2001년 문화재청이 바닥의 기초로 쓰인 나무 말뚝의 탄소연대를 측정한 결과 고려 말에서 조선 초에 쌓은 것임이 밝혀졌다. 국내 돌다리 가운데 가장 오래된 것으로 확인된 것이다. 남한에서는 유일한 고려시대 다리로서 원래의 위치에 원형을 간직하고 있을 뿐 아니라 고려시대의 다리에서는 보기 드문 공법을 사용했다는 점에서 다리 유적으로서의 가치를 인정받고 있다. 이 조사 후 보물로 지정됐다.

함평에서도

고려청자 高麗靑瓷 를 구웠다

푸른 가을 하늘에 하얀 학이 힘찬 날갯짓을 하고 있다.
학의 다리는 가늘면서도 검은 선으로 쭉 뻗어 있다.
푸른 하늘 바탕에 하얀 학과 검은 다리의 배합이
절묘하다. 청자상감운학문매병 青瓷象嵌雲鶴紋梅瓶 은 고려청자
중 최고의 걸작으로 꼽힌다.

    고려 문화의 상징인 고려청자는 그 아름다움과
격조가 누구에게나 쉽게 전해지는 상감 象嵌 기법으로
만든 비취 翡翠 빛 도자기다. 상감기법은 그릇 표면에 홈을
파서 문양이나 그림을 새긴 뒤 흰 흙 또는 붉은 흙 등을
정교하게 초벌로 굽고 그 위에 비취색 청자유 青瓷釉 를
발라 재벌구이를 하는 방법이다. 이렇게 하면 비취색
바탕 위에 흰색이나 검은색이 나타난다.
    고려자기는 신라의 토기와 발해의 자기, 그리고
중국 송 宋 나라의 기술을 종합해 재창조된 것으로서
그 형태의 다양함과 빛깔의 우아함, 무늬의 정교함이
단연 뛰어나서 주변 국가에서 '천하제일'이라는 칭찬을
받았다. 세계 어디의 도자기에서 찾아볼 수 없는
비취색 翡翠色 을 만들어 내는 독창력을 발휘해 고려가
고도로 문명화된 나라였음을 증명했다.
    고려청자 도요지는 강진, 해남, 부안 등 전라남북도
남해안과 서해안 지역에 있다. 흙이 좋고 바다를 이용해

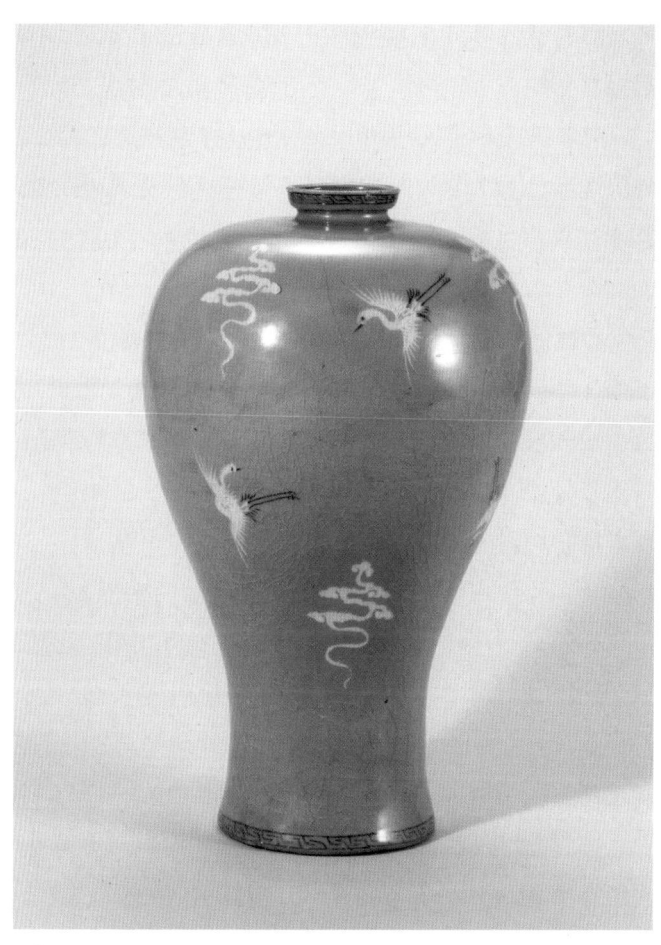

청자상감운학문매병. ⓒ 국가유산청

개경까지 운송하기가 용이해 이 지역에 도요지가
밀집해 있다.

　　함평에는 손불면 양재리와 동암리에 청자 도요지가
있었다. 국립과학관에서 발표한 우리나라 청자 가마터의
분포 자료에는 양재리 도요지를 녹청자 綠靑瓷 가마터로
분류하고 있다.

　　1988년 국립광주박물관의 조사에 의해 양재리
장재동마을 주변에서 모두 8기의 도요지가 확인되었다.
그중에서 5기가 청자 도요지다. 여러 형태의 도자기
파편들이 수습되었다. 이곳의 서쪽은 함평만으로 바다가
가까운 곳이다.

한국 최고의 도자기 전문가인 정양모는 그의 저서
「한국의 도자기」에서 양재리 고려청자를 이렇게
평가했다.

　　"문양은 음각과 흑상감 黑象嵌 으로 시문 施紋 되어
있는데 그 예가 희귀하고 도자기에 상감기법을 사용하기
시작하는 초기 양상을 밝혀줄 귀중한 자료라 생각된다."

　　지금은 장재동 마을에 가봐도 도요지 흔적은 찾기가
어렵다. 가끔 도자기 파편들이 발견되곤 할 뿐이다.
수습된 유물들은 국립광주박물관 수장고에 보관되어
있다. 다행히 전라북도 부안에 있는 청자박물관에 가면

손불면 양재리 장재마을.
지금은 흔적도 없지만 마을 앞 논과 마을 뒤 대나무숲 등에서
8기의 가마터가 확인되었다.

부안 청자박물관의 양재리 청자가마터 관련 전시물(위)과
1988년 국립광주박물관의 「전남지방 도요지 조사보고서」에 실린
양재리 도요지 출토 유물 일부(아래).

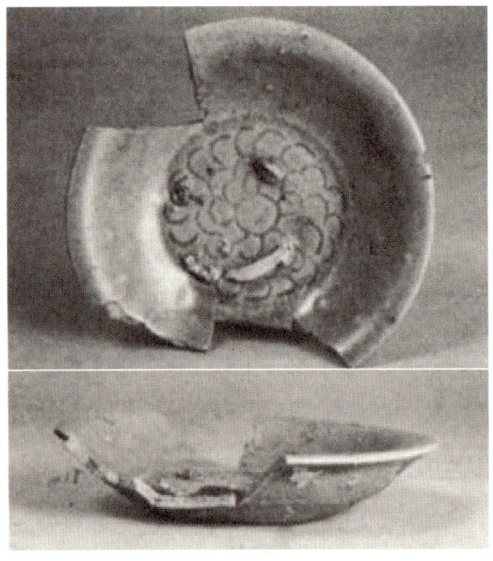

이곳 양재리에서 출토된 유물 몇 점을 만날 수 있다.
재현한 가마터가 간단한 설명과 함께 전시되어 있다.
"고려 초기에서 중기로 넘어가는 시기인 11-12세기
전반경에 요업이 활발했던 곳으로 청자 외에 일부
흑유자기도 만들어졌다."

양재리에서는 다른 그릇에서는 찾아보기 어려운
흑자 黑瓷, 즉 그릇 겉면에 흑갈색 계통의 유약을 입힌
흑유자기黑釉瓷器도 만들었다.

제3부

조선시대의
함평

함평,

함평천지

'함평'이라는 명칭은 '천지'를 붙여 말해야 말맛이 난다.
'함평천지 咸平天地'는 함평의 또 다른 이름이다. 함평에서는
'함평천지'라는 말을 쉽게 접할 수 있다.
'함평천지 휴게소' '함평천지 한우 플라자' 등의 상호와
함평에서 생산되는 농산품 이름에 많이 등장한다.

지역의 이름에 '천지'를 붙여 말하는 경우가 거의
없다. 그런데도 함평천지가 함평의 또 다른 이름이 된
것은 〈호남가 湖南歌〉 때문이다.

"함평천지 늙은 몸이 광주 고향을 보랴 하고"로
시작하는 〈호남가〉는 명창 임방울이 부르면서 널리
알려진 판소리 단가 短歌 이다. 함평에서 시작해 호남지방
50여 곳의 지명을 들어가며 지명에 담긴 뜻과
그 지방의 특색, 풍경 등을 노래하는 내용이다. 누가 언제
지었는지는 알 수 없다. 전라관찰사를 지낸
이서구 李書九 가 원작자라는 설도 있으나 믿기 어렵다.
구전되어 오던 노래를 19세기 중엽 판소리를
집대성한 신재효 申在孝 가 고쳐 지은 것이 사본으로
전해지고 있다.

〈호남가〉의 주인공은 함평에서 살고 있는 노인으로,
고향인 광주로 가는 길에 호남의 여러 지역에 들른다.
지은이가 누군지 정확히 알 수는 없지만 그는 왜 노래의
주인공을 함평에서 살고 있는 노인으로 설정했을까?

그리고 함평이라는 지명 뒤에 '천지'를 붙였을까?
아마도 '함평'이라는 지명이 '두루咸 화평하고 부족함이
없는平 천지'를 뜻하기 때문이어서 그랬을 것이다.
실제로 함평은 먼 옛날 선사시대부터 살기 좋은 곳이었다.
그래서 '함평'이라는 좋은 이름에 자연스럽게 '천지'가
붙어 '함평천지'가 함평의 또 다른 이름이 된 것이다.

이 지역의 명칭이 '함평'으로 정해진 것은 조선
초기이다. 조선은 중앙집권적 통치체제를 확립하고
효율적인 지방통치를 위해 대대적으로 행정구역을
개편한다. 전국을 경기, 충청, 전라, 경상 등 8도로 나누고
그 아래에는 부府, 목牧, 군郡, 현縣을 두었다.
조선 세 번째 임금인 태종 대에 이루어진 일이다.
이때 함풍현咸豊縣과 모평현牟平縣을 통합해
함평현咸平縣으로 그 이름을 바꾸었다. 왕이 임명한
현감縣監, 종6품이 파견되었다. 조선이 개국하고 18년 후인
1409년의 일이다.

소부 허유 문답하던
기산과 영수,

함평에 있다

"화란춘성 花爛春城 하고 만화방창 萬化方暢 이라
때 좋다 벗님네야 산천경개를 구경 가세."

고등학교 1학년 고문 古文 시간에 배운 〈유산가 遊山歌 〉
첫 구절이다. 함평중학교를 졸업한 필자가 광주로
유학을 가서 얼떨떨하던 시기, 고문 첫 시간에 배운 것이
이 〈유산가〉다. 봄이 왔으니 구경 가기를 권하며
봄 산의 아름다움을 노래한 〈유산가〉는 서울,
경기지방에서 불리던 노래다. 한국의 절경을 중국의
명승지와 여러 고사 古事 에 빗대어 읊은 노래다.

     마지막 구절에서 필자는 깜짝 놀랐다. 중학교 시절
수없이 가보았던 산과 하천의 이름이 여기서 나온
것이다.

"층암 절벽상 層岩絶壁上 의 폭포수 瀑布水 는 콸콸,
수정렴 水晶簾 드리운 듯, 이골 물이 주루루룩,
저 골 물이 쐴쐴, 열에 열 골 물이 한데 합수 合水 하여
천방져 지방져 소쿠라지고 펑퍼져,
넌출지고 방울져, 저 건너 병풍석 屛風石 으로
으르렁 콸콸 흐르는 물결이 은옥 銀玉 같이 흩어지니,
소부허유 巢父許由 문답하던 기산영수 箕山潁水 가
예 아니냐."

바로 기산 其山 과 영수 潁水 때문이었다. 기산과
영수는 함평에 있다. 기산은 함평군청의 뒷산으로
함평읍의 진산이다. 기산봉이라고도 한다. 영수는
함평천이 함평공원을 휘도는 부분을 말한다.
'영수정'이라고도 한다. 수없이 가보았던 곳이다.

"반만년 비바람에 굽힘이 없이 대대로 솟아 있는
 기산봉우리"
"기산봉 푸른 정기 수산에 뻗고 영수천 맑은 물결
 양양도 한데"

함평중학교와 함평여자중학교 교가 첫 구절이다. 이렇듯
기산과 영수는 함평의 상징이다.

기산, 영수는 중국 고사에 나온다. 중국 전설의
성군인 요堯 임금이 기산에 은둔생활을 하고 있는
허유에게 다음 임금 자리를 권했다. 허유는 듣지 않아야
될 소리를 들어 귀가 더럽혀졌다고 영수라 불리는
냇가에 귀를 씻었다. 소를 몰고 오던 소부가 이 이야기를
듣고 더러운 물을 소에게 먹일 수 없다며 위로 올라가
먹였다.
　　한마디로 소부 허유는 물욕과 권력욕을 버리고

함평의 진산인 기산과 그 오른쪽으로 흐르는 함평천 중
함평공원 부분의 영수천.

자연에 은거해 사는 사람을 의미하는 관용적인 표현이다. 그런 이들이 은거하며 살았던 곳이 영수천이 흐르는 기산이었다. 언제부터 함평의 이 산과 하천을 기산과 영수라 했을까?

    기산 동남쪽 아래 영수천변의 구기산마을에 영파정 穎波亭 이라는 정자가 있다. 영수정이라고도 불리는 정자다. 이 정자는 단종을 폐위하고 왕위에 오르려는 수양대군을 반대한 함평 출신 이안 李岸, 1414-? 이 낙향해 살면서 세운 것이다. 영파정은 그의 호이다. 말년에 조정의 부름이 있었으나 끝내 나아가지 않았다. 그는 이 정자를 짓고 기산, 영수에서 문답하던 소부와 허유를 자처하며 살았다. 기산, 영수라는 지명은 그가 살면서 명명 命名 한 것으로 보인다.

그 후 기산과 영수는 의 義 를 숭상하는 함평 정신의 시작이자 상징이 되었다.

    많은 사람이 애송한다는 그의 시 한 편을 소개한다. 영파정의 편액 扁額 에 새겨진 것으로 영수천의 맑은 정취와 한가로움을 고스란히 느낄 수 있는 시다.

樓高飛雁平看背 루고비안평간배
水淨遊蝦細數髮 수정유하세수발

정자가 높으니 날아가는 기러기의 등이 보이고
물이 맑으니 노니는 새우의 수염을 세겠네.

구기산마을에 자리한 영파정. 지방유형문화재 자료 제168호.

함평 최고의 교육기관, 향교 咸平 鄉校

조선은 유교를 국시로 정하면서 교육을 매우 중시했다. 조선왕조의 통치 이념인 유학을 보급하고 유교적 소양을 지닌 인재를 양성해야 한다는 데 조선의 양대 집권 세력인 왕조와 사대부가 뜻을 같이했다.

태조는 조선 창업과 동시에 전국의 각 군·현 郡縣에 최소한 1개 이상의 향교를 설치하라는 명을 내린다. 함평에도 함평읍 내교리 외대화에 향교가 건립되었다. 그러나 이 향교는 정유재란 1597년 때 불타버렸다. 전쟁이 끝나자 바로 다시 지었으나 규모가 초라하고 위치도 좋지 않다고 하여 1625년에 지금의 위치인 대동면 향교리에 옮겨 짓기 시작해 1632년에 완공되었다.

함평향교는 그 후에도 몇 차례 우여곡절을 겪는다. 1643년에는 몇몇 유생들에 의해 유안 儒案, 성균관·향교·서원 등에 있던 유생의 명부 이 불에 타버리기도 하고 1662년에는 이황의 위패가 유출되어 물의를 빚기도 했다. 1816년에는 화재가 발생해 대성전 일부와 명륜당이 불에 타 다시 중수했다. 1985년 2월 전라남도 유형문화재로 지정되었다.

함평향교가 있는 곳의 행정지명은 향교리 향교마을이다. 향교마을은 또 상교, 동교, 남교, 서교, 명교 등의 자연마을 단위로 나뉜다. 모두 향교가 있어 붙여진 마을 이름들이다.

향교의 기능은 크게 두 가지였다. 하나는 유교 예절과 경전을 가르치는 교육 기능이다. 또 하나는 공자 등 유현儒賢의 위패와 제사를 모시는 제향 기능이다. 향교의 중심 건물은 배움의 공간인 명륜당明倫堂과 제사 공간인 대성전大成殿이다.

일반적으로 향교의 건물 배치는 대성전과 명륜당의 위치에 따라 전묘후학前廟後學과 전학후묘前學後廟 배치로 구분된다. 전묘후학은 대성전이 앞에 명륜당이 뒤에 있는 형태로, 이는 대개 평지에 지을 경우의 배치다. 함평향교는 평지여서 이 배치 형태이다. 전학후묘는 명륜당이 앞에 대성전이 뒤에 있는 형태로 향교가 경사지에 위치할 때의 배치이다. 우리나라 향교의 대부분이 이에 해당한다.

함평향교에 가면 맨 먼저 마주하게 되는 것이 하마비下馬碑다. 말을 타고 이곳에 오는 사람은 물론 이곳을 지나가는 사람도 신분 고하를 막론하고 여기서부터는 말에서 내려 걸어가라는 안내 비석이다. 대성전 등이 있는 향교는 경건해야 하는 곳이었다.

외삼문과 내삼문을 지나 안으로 들어가면 대성전이

함평향교. 대문 밖에서부터 안쪽으로 각각 하마비, 외삼문, 내삼문,
대성전, 명륜당. 명륜당 양쪽으로 동재, 서재가 있다(위). 대성전 전경(아래).
전라남도 유형문화재 제113호.

나온다. 3칸의 맞배지붕이다. 이곳에는 공자를 비롯한 다섯 성인 5聖, 4인의 송나라 선비 宋朝 4賢, 우리나라 열여덟 분의 현자 18賢 등 모두 스물일곱 분의 위패가 봉안되어 있다. 성균관에서 정해준 것으로 전국의 향교가 위패 위치까지도 거의 같다. 중앙에는 공자, 그 앞에는 맹자 등 4성, 동서 양쪽에 송조 4현과 우리나라 18현의 위패가 봉안되어 있다. 지금도 봄, 가을에 이들을 기리는 제사를 지내는 석전 釋奠 을 봉행한다. 가끔 고유제 告由祭 도 지낸다. 고유제는 중대한 일을 치르고자 할 때나 치른 뒤 그 내용을 사당이나 신명에 고하는 제사다. 예로부터 새로 취임한 고을의 수령은 향교를 찾아 성현들께 선정을 다짐했다. 지금은 새로 취임한 군수가 고유제를 봉행한다.

　대성전 뒤에는 정면에 명륜당이, 좌우에 동재 東齋 와 서재 西齋 가 자리한다. 명륜당은 학생들이 공부하는 공간이자 선생이 학생들에게 강의하는 강당이다. 동재와 서재는 학생들의 기숙사로, 숙식하며 공부하는 곳이었다. 동재는 상급 학생들이, 서재는 그 아래 학생들이 사용했다.

대성전 내부. 가운데에 공자의 영정과 위패, 그 앞에 4성이, 양쪽으로 송조 4현과 국내 18현의 위패가 있다.

대성전에 위패가 봉안된 27인의 성현(聖賢)	5성(5聖): 공자(孔子), 증자(曾子), 맹자(孟子), 안자(顔子), 자사(子思) 송조 4현(宋朝4賢): 주돈이(周敦頤), 정이(程頤), 정호(程顥), 주희(朱熹) 국내 18현: 설총(薛聰), 최치원(崔致遠), 안유(安裕), 정몽주(鄭夢周), 김굉필(金宏弼), 정여창(鄭汝昌), 조광조(趙光祖), 이언적(李彦迪), 이황(李滉), 김인후(金麟厚), 이이(李珥), 성혼(成渾), 조헌(趙憲), 김장생(金長生), 송시열(宋時烈), 김집(金潗), 박세채(朴世采), 송준길(宋浚吉)

함평향교의 명륜당(가운데)과 동재(오른쪽), 서재(왼쪽).

향교는 교육기관이었다. 성균관이 대학에 해당하는
중앙의 최고 교육기관이라면 향교는 초등 교육기관이라
할 서당을 마친 유생들이 중등 교육을 받는 지방 최고의
교육기관이었다.

조선 정부는 모든 향교 운영에 필요한 땅 학전 學田 과
노비 학노비 學奴婢 를 지급했다. 선생들의 후생비, 학생들의
숙식비와 학업을 위한 여러 비용, 갖가지 제례 등에
드는 비용 등을 충당하기 위해서였다. 지금 함평향교가
소유하고 있는 논, 밭, 임야 등도 중앙에서 지급한
학전이었을 것이다.

학생들을 가르치는 선생으로는 교수 敎授, 종6품 와
훈도 訓導, 종9품 가 있었다. 그러나 330여 개에 달하는
모든 군현에 이들을 파견할 수는 없었다. 그래서 정식
관원이 아니면서 교수직을 감당하는 인물을 교도직 敎導職
또는 학장 學長 이라는 이름으로 그 지방의 생원이나
진사 중에서 선발해 충원하기도 했다. 그래도 선생을
확보하기가 어려웠다. 문과에 합격한 자가 지방의
선생으로 부임하기를 꺼렸고, 생원이나 진사들도 과거를
통해 중앙의 관료로 진출하는 것을 선호해 교도직에
별다른 매력을 느끼지 못했기 때문이다. 이 문제를 끝내

해결하지 못하자 유능한 학생들은 강학 능력을 상실한 향교를 떠나 서원 등 사학기관을 찾게 되었다. 그때부터 향교는 제향의 공간으로 그 면모를 유지하고 있다.

다섯 번이나
헐린

자산서원

함평에는 다섯 번이나 허물었다가 다시 지은 서원 書院 이 있다. 바로 엄다면 엄다리에 있는 자산서원 紫山書院 이다. 조선 중기 호남 사림의 으뜸이어서 '호남 유림의 종장 宗匠'이라고 불렸던 곤재 정개청 困齋 鄭介淸, 1529-1590 선생을 모시는 서원이다.

서원은 향교와 더불어 조선시대의 대표적인 교육기관이었다. 향교는 국립이지만 서원은 사립으로 오늘날의 지방 사립대학이다. 지역문화를 대표하는 장소이기도 했다. 서원은 조선 중기 4대 사화 士禍 를 비롯한 정치적 혼란으로 지방에 은거한 학자들에 의해서 창설되었다. 그들은 후학을 양성하면서 선배 유학자들을 기리고 제사하는 사당 祠堂 의 기능까지 통합한 서원을 창설하기 시작한 것이다. 우리나라의 대표적 서원인 안동의 도산서원은 퇴계 이황을 받드는 교육기관이었다.

호남 유림의 종장, 곤재 정개청

자산서원에 배향된 곤재 정개청은 고산 윤선도가 "동방의 진유 眞儒 로 퇴계 이황에 버금간다"라고 평했던

자산서원 전경. 외삼문을 지나 오른쪽에 유물관, 그 맞은편에 윤암정사가 있다.
내삼문 안 서원의 맨 위쪽에 위패를 모시는 사당이 있다.

함평의 대학자였다. 1529년 중종 24년 나주에서 태어난 그는 어려서 집을 떠나 보성에 있는 영주산사 瀛州山寺 에서 성리학뿐만 아니라 천문·지리·의학 등을 공부해 깊은 경지에 이르렀다. 이때 스스로를 곤재 困齋 라 칭했다고 한다. '곤란함으로 지은 집'이란 뜻이다. 역경을 마다하지 않고 학문을 스스로 닦아가겠다는 의지의 표현이 아닐까 싶다.

이후 산에서 나와 화담 서경덕 花潭 徐敬德 의 문하에서 10여 년간 공부했다. 사암 박순 思庵 朴淳 과는 함께 수학했으며 이이 李珥·이산해 李山海 등과 교유했다.

40대인 1570년경에는 지금의 엄다면 엄다리 제동마을에 정착하여 정사 精舍 를 짓고 후학 양성에 전념했다. 그간 많은 재상의 천거가 있어 교정청 낭관 校正廳 郎官 에 제수되고 곡성 현감 등에 부임하였으나 그의 관직 생활은 1년이 채 못 되었다.

그의 가르침을 받기 위해서 많은 제자가 모여들었다. 그 제자들이 400여 명에 이르렀다고 한다. 당시로서는 실로 많은 사람이다. 그들은 정사가 있던 제동마을은 물론 근처의 불암마을에 머물렀을 것이다. 두 마을을 연결하는 길은 지금도 '제자거리'라 불린다. 수많은 선비들이 삼삼오오 오가던 모습이 예사롭게 보이지 않아서 붙여진 이름이다. 그들은 길가의 주막에도 들러 학문을 논하고 문우의 정을 나누었을 것이다.

불암마을 입구에 세워진 제자거리 표지판.

사화(士禍)	선비들이 반대파에게 화를 입은 사건으로, 성종 때부터 성장한 사림 세력이 훈구 세력의 부패와 비리를 비판하자 훈구 세력이 사림 세력을 탄압한 사건이다.
4대 사화	무오사화(戊午士禍, 1498년 연산군 4년): 김일손의 사초(史草)에 실린 김종직의 '조의제문'을 훈구 세력이 연산군을 자극하는 수단으로 이용하면서 발생했다. 이 사건으로 영남 사림이 가장 큰 피해를 입었다.
	갑자사화(甲子士禍, 1504년 연산군 10년): 연산군의 친어머니 윤씨의 폐비에 찬성했던 신하들과 연산군에 동조하지 않았던 선비들이 함께 연루되어 피해를 입은 사건이다.
	기묘사화(己卯士禍, 1519년 중종 14년): 중종과 훈구 세력이 협력, 당시의 대표적인 사림 세력인 조광조 등에게 역적이라는 누명을 씌워 죽이거나 유배를 보낸 사건이다.
	을사사화(乙巳士禍, 1545년 명종 즉위년): 왕실의 외척인 윤임(尹任)과 윤원형(尹元衡)의 권력 다툼으로 많은 선비가 피해를 입은 사건이다.

정개청, 정여립 모반 사건에 연루되다

1589년 선조 22년 정여립 모반 사건이 일어났다. 관직에서 물러난 정여립이 고향인 전북 진안에서 대동계를 조직해 모반을 꾀했다는 사건이다. 관군에게 쫓기던 정여립은 죽도에서 자결했다고 한다. 서인의 음모로 살해되었다는 이야기도 함께 전한다. 이 사건이 당시부터 서인에 의해 조작된 것이라는 주장의 한 근거이기도 하다. 실제로 정여립이 모반을 했음을 확증할 수 있는 물증은 존재하지 않는다. 그래서 지금도 역사학계에서는 이 사건을 '조선 최대의 정치 미스터리'로 규정하면서 '역모인가 조작인가?'에 대한 연구가 진행되고 있다.

당시 서인 세력은 동인 세력을 제거하기 위해 이 사건을 확대했다. 서인인 정철鄭澈의 주도 아래 이 사건과 관련된 국문鞫問은 3년 가까이 계속되었는데, 이 시기에 고문을 당해 죽거나 처형당한 사람이 1,000여 명에 이른다고 한다. 연산군, 중종 대에 있었던 조선 4대 사화에서 죽은 사람들을 모두 합한 것보다 훨씬 많은 사람이 화를 입었다. 그중에서도 호남 사림의 피해가 특히 컸다. 그리고 호남 출신의 관직 등용에 제한이 가해지기도 했다. 역사에서는 이를 '기축옥사己丑獄事'라고 한다.

이 사건의 여파는 함평의 조용한 제동마을에까지
불어닥쳤다. 이곳에서 제자들을 가르치고 있었던
정개청은 정여립에게 보낸 편지 한 장이 역모에
가담했다는 빌미가 되어 화를 입는다. 그 편지에서 '도를
아는 것은 당신뿐'이라고 한 내용이 화근이었다.
그는 편지를 쓰면서 예의상 한 말일 뿐 정여립에 동조한
것이 아니라고 주장했다. 그러나 이는 받아들여지지
않았다. 결국 고문을 당하고 함경도 경원으로 유배되어
두 달 만에 장독으로 세상을 등졌다. 화는 여기서 그치지
않았다. 정개청을 따르던 제자 50명이 죽고 20명이
유배당했다. 400여 명은 과거 응시 자격을 박탈당했다.

당쟁의 소용돌이 한가운데에 있었던 자산서원

그를 시봉하는 자산서원의 운명 또한 기구했다. 다섯
차례나 헐렸다가 훼철 毁撤 다시 세워 복설 復設 졌다.
 그는 사후 26년이 지나 역적의 누명을 벗었다.
정여립 모반사건을 마녀사냥식으로 처리한 송강 정철
등이 바로 그 이유로 축출되자 그에 대한 신원 伸冤
운동이 그의 제자들을 중심으로 활발히 전개되었다.
1616년 광해군 8년 마침내 현재의 자리에 그를 기리는

사우 祠宇가 세워졌다. 정개청 서원이 세워진 것이다.
광해군 시대는 동인의 시대였다. 그러나 인조반정으로
다시 서인의 시대가 되었다. 일부 서인들이 서원을
헐어야 한다고 주장하기도 했으나 별일이 없었다.
인조 시대는 조선 최대의 치욕인 호란 胡亂을 겪으면서
정신이 없었던 시기였다.

　효종 시대에 들어서자 서인들은 본격적으로
정개청을 공격하기 시작했다. 서원을 철폐해야 한다는
상소를 올리고 결국 효종 8년 1657년에 서원은 철폐된다.
위패 位牌는 불태워지고 재목은 헐려 관아의 마구간을
짓는 데 사용되었다.

두 번째 예송논쟁 禮訟論爭 후 동인 계열인 남인이
집권세력이 되자 서원은 복설된다. 1677년 숙종 3년의
일이다. 2년 후에는 사액서원 賜額書院이 되었다.
임금이 서원의 이름을 자산서원 紫山書院이라 짓고 그것을
새긴 편액 扁額을 내려보냈다. 이와 함께 서적, 토지,
노비 등을 하사했다.

1680년 경신환국 庚申換局으로 서인이 집권세력이 되자
철폐되었다가 기사환국 己巳換局, 1689년으로 남인이
집권하자 복원되었다. 이 해에는 정개청의 문집인

「우득록 愚得錄」목판본이 만들어졌다. 「우득록」은 숙종이 홍문관에 특명을 내려 만든 판본이다. 필사본을 읽어본 왕이 이를 칭찬하자 홍문관에서는 귀하다는 먹감나무를 전국에 수소문해서 목판본으로 만들었다고 한다.

숙종 20년 1694년 갑술환국 甲戌換局 으로 서인이 집권하면서 자산서원은 다시 철폐되었다. 영조 17년 1741년, 영조는 서원의 폐해를 지적하며 서원철폐령을 내렸다. 170여 개의 서원이 철폐되었다. 이런 와중에도 자산서원은 다시 세워진다. 그러나 사도세자의 죽음 이후 노론이 득세하면서 또 헐렸다가 정조 때 복원되었다. 이렇듯 자산서원은 당쟁의 소용돌이 한가운데에 있었다.

자산서원의 훼철과 복설의 역사를 보면서 새삼 곤재 정개청의 위상을 생각하게 된다. 정개청이 어떤 인물이어서 서인들은 그토록 집요하게 그를 역사에서 지워버리려고 했을까. 그가 기억되고 그를 중심으로 호남의 사림들이 모이는 것을 막아야 할 그 무엇이 있었을까. 또 그토록 집요하게 복설을 주장하고 요구한 호남 사림들에게 왜 정개청은 반드시 모시고 기억해야 할 인물이었을까. 정개청의 위대함이 돋보이는 대목이다.

예송논쟁(禮訟論爭), 환국정치(換局政治), 장희빈 그리고 자산서원

　　자산서원이 세워졌다가 헐리기를 반복했던 까닭은 당시 정치세력의 변동과 관련이 깊다. 그 첫 번째가 예송논쟁이다. 예송논쟁은 장례의 예법을 어떻게 할지를 두고 학자와 정치인들이 벌인 논쟁이다. 학문적 논쟁인 동시에 서인과 남인의 권력 다툼이었다.

　　첫 번째 논쟁은 1659년 ^{현종 1년} 인조의 둘째 아들로 왕위에 오른 효종이 죽자 그 어머니^{계모}인 조대비가 얼마 동안 상복을 입어야 하느냐를 두고 일어났다.

　　서인은 효종이 조대비의 둘째 아들이므로 성리학의 예법에 따라 1년 동안 상복을 입어야 한다고 주장했다. 주자가 정리한 가정에서 지켜야 할 예법인 주자가례^{朱子家禮}에는 장자가 죽었을 경우, 부모는 3년 동안 장례의 예를 갖춰야 하고, 차남 이하는 1년간 해야 한다고 되어 있었다.

　　그러나 남인은 효종이 비록 둘째 아들이지만 임금이 되었으므로 장남과 같이 대우하여 3년 ^{만 2년} 간 상복을 입어야 한다고 맞섰다. 결국 조대비가 상복을 입는 기간은 1년으로 결정되었고, 논쟁에서 승리한 서인이 정치의 주도권을 잡았다.

두 번째 논쟁은 1673년^{현종 15년} 선왕 효종의 왕비였던 인선왕후가 죽자 시어머니인 조대비가 얼마 동안 상복을 입어야 하는지를 두고 벌어졌다. 주자가례에는 첫째 며느리의 경우는 1년, 둘째 며느리에게는 9개월간 장례의 예를 치르도록 하고 있다. 서인은 인선왕후가 둘째 며느리이므로 성리학의 예법에 따라 9개월 동안 상복을 입어야 한다고 주장했다. 반면 남인은 이전과 마찬가지로 효종이 둘째 아들이라도 임금이 되었으므로 장자로 대우해야 하며, 인선왕후에게도 장자의 며느리에 해당하는 예를 갖추어야 한다고 주장했다. 현종은 남인의 손을 들어주었고 이 논쟁에서 승리한 남인과 이에 동조한 세력이 권력을 잡았다. 이후 헐렸던 자산서원이 다시 세워지고 사액서원이 된다.

    예송논쟁은 상복을 얼마 동안 입어야 하느냐에 대한 단순한 논쟁 같지만 실은 임금을 사대부와 같이 볼 것인지, 특별한 존재로 볼 것인지를 논하는 것이었다. 조선시대를 관통하는 왕권 王權 과 신권 臣權 간의 갈등이기도 하다.

자산서원을 다시 세우고 허는 일이 특히 숙종 대 ¹⁶⁷⁴⁻¹⁷²⁰ 에 반복되었다. 숙종은 집권세력을 교체하여 정치적 국면을 바꾸는 '환국 換局 정치'를 통해 왕권을 강화했다.

숙종이 왕의 자리에 오를 때의 집권 세력은 두 번째 예송논쟁에서 이긴 남인이었다. 숙종은 세력이 커지는 남인의 힘을 약화시킬 생각을 하고 있었는데, 남인의 영수인 영의정 허적이 집에서 큰 잔치를 하면서 왕의 허락도 받지 않고 궁궐에서 쓰는 천막을 가져가고 궁궐의 악공들을 동원한 일이 발생했다. 이 사건을 계기로 숙종은 남인들을 쫓아내고 서인들을 적극 등용했다. 1680년 경신년에 일어난 사건이어서 '경신환국'이라고 한다. 이때 자산서원이 헐렸다.

이후 두 번의 환국은 드라마 단골 소재인 장희빈과 관련해 일어났다. 숙종은 궁녀인 장옥정과 사랑에 빠졌고 왕자를 낳았다. 그때까지 왕비인 인현왕후는 아기를 낳지 못했다. 숙종은 숙원으로 격상된 장옥정을 희빈으로 삼고 그녀가 낳은 아들을 세자로 정하고자 했다. 그런데 집권 세력이던 서인은 숙종의 뜻에 반대했다. 숙종은 서인을 내치고 그의 뜻을 지지하던 남인을 등용했다. 숙종은 자신의 뜻대로 숙원 장씨가 낳은 아들을 세자로 정하고 장씨를 희빈으로 봉했다가 마침내는 중전으로 삼는다. 서인의 지지를 받던 인현왕후는 폐비가 되었다. 1689년 기사년의 일이어서

'기사환국 己巳換局'이라고 한다. 자산서원이 다시 세워졌다.
5년 후인 1694년에 다시 국면이 바뀐다. 장희빈이 너무
방자하게 굴어서 그랬는지 숙종은 왕비가 된 장씨를
희빈으로 강등시키고 폐비했던 인현왕후를 복위시킨다.
이 과정에서 숙종은 장희빈을 지지했던 남인세력을
쫓아내고 서인을 다시 등용했다. '갑술환국 甲戌換局'이다.
이후 장희빈은 숙종의 사사 賜死 명령에 따라 죽음을
맞는다. 자산서원은 또 헐렸다.

「우득록」은 말한다

영조 대에 복원되었다가 헐리고, 정조 대에 복원된
자산서원은 1868년 대원군의 전국 사원 철폐령에 의해
훼철되었다. 오랜 시간 훼철된 상태로 있었던 자산서원은
해방 후 1957년 복설된 뒤 1988년에 유물관 등을 새로
짓는 대규모 복원 공사를 거쳐 오늘에 이르렀다.
곤재 정개청의 유허비와 시비를 지나 외삼문을 거쳐
서원의 경내에 들어서면 오른쪽에 유물관이 있다. 곤재의
문집인 「우득록 愚得錄」 목판본을 보관하고 있는 곳이다.
  「우득록」은 곤재 정개청의 문집이다. 그가
기축옥사에 연루되어 체포되었을 때 이 문집도 1,000여

권의 서책과 함께 의금부가 거두어 갔다. 어떤 연유인지는 모르나 임금인 선조가 「우득록」을 보았다. 선조가 "이 책은 옛글을 읽은 사람의 저술이다. 모두 본가에 돌려주도록 하라"고 하며 돌려보냈으나 「우득록」만 돌아오고 다른 서책은 분실되었다.

「우득록」의 판각 板刻 작업은 1689년 숙종이 명을 내려 시작되어 1692년에 완성되었다. 모두 108판이었는데 48판이 현재 이곳에 있다. 1987년 전라남도 유형문화재 제146호로 지정되었다.

「우득록」은 수차례에 걸친 당화 黨禍 를 입으면서도 어렵게 보존된 자료이다. 모두 33편의 글이 네 권의 책에 실려 있다. 성리학에 관한 여러 이론인 성리제설 性理諸說 과 강의계서 講義稧序, 상소문 등이 실려 있다. 이 책의 서문이라 할 수 있는 「곤재전 困齋傳」은 우의정을 지낸 남인의 영수 허목 許穆 이 썼다. 학계에서는 「우득록」을 당시 호남 사림의 인맥과 활동 등을 연구하는 데 중요한 자료로 평가한다.

그가 어떤 사람이었는지는 문집의 제목을 보아도 알 수 있다. 「우득록 愚得錄」, '어리석게 얻는다'라는 뜻이니 자신을 낮추는 겸허한 그의 자세를 읽을 수 있다. 이 책의

곤재 정개청의 「우득록」 목판본.
ⓒ 한국민족문화대백과사전

첫 장이 학문을 논하는 '논학 論學'인데 그 시작이
'겸허설 謙虛說'이다.

　유물관 맞은편에는 윤암정사가 복원되어 있다.
곤재가 20여 년 동안 후학을 가르치던 강당으로,
몇 번이나 철거되었다가 복원한 건물이다. 겸허문이라고
쓰여 있는 내삼문을 열고 들어가면 윤암사가 있다.
곤재 정개청의 위패가 있는 사당이다.

　서원 경내를 벗어나 위로 올라가면 곤재가 하늘을
관찰하고 연구했다는 천문단의 흔적이 있다.
농사일에 가장 도움이 되는 하늘의 변화를 예측하여
농민들에게 알려주려 했다. 그는 그런 학자였다.

호남을
지킨

함평 의병, 왜란과 함평

정여립 모반사건이 몰고 온 광풍으로 함평의 대학자
곤재 정개청이 유배지에서 죽은 지 2년 되던 해인
1592년 4월 임진왜란이 일어났다. 왜의 침략에 조선은
속수무책이었다. 부산에 도착한 왜군이 한양까지
오는 데 18일밖에 걸리지 않았다. 임금은 도망가듯
피난길에 올랐다. 개경으로, 평양으로 그리고 의주까지
쫓겨 갔다. 6월엔 평양이 점령당했다. 임금은 국경을
넘어 명나라로 도망갈 생각까지 했다. 그러나 6월 이후
전국에서 의병이 들고일어나 무력한 관군을 대신하여
왜군과 싸웠고 이순신의 수군이 남쪽 바다를 지키고 있어
전세를 만회할 수 있는 길이 트이기 시작했다.

호남을 지킨 함평 의병

왜군이 전국을 장악하고 분탕질을 해댔으나
호남 지역만은 들어오질 못했다. 바다를 조선의 수군이
장악하고 있어 왜군은 이 지역에 상륙할 수가 없었다.
진주대첩이라 불리는 진주성 전투에서 조선군이 왜군을
패퇴시킴으로써 호남으로 들어오는 길목을 지켰다.
충청 지역을 장악한 왜군이 전주로 들어오려는 것을
의병과 관군이 금산에서 막았다. 금산전투는 이긴 것은

아니지만 왜군의 호남 진출 의지를 꺾었다.

금산전투에는 나주의 김천일, 광주의 고경명, 충북 옥천의 조헌 등이 각 지역에서 의병을 모아 참여했다. 함평의 정회鄭繪와 그의 팔촌동생 정민수鄭民秀는 의병 105명을 모집해 조헌의 휘하에 들어가 청주를 탈환하는 전투에 공을 세웠고 금산 전투에서 순절했다. 이원李轅, 령軨, 가輵 3형제도 의병을 이끌고 고경명 휘하에 들어가 금산전투에서 모두 순국했다.

진주성 전투에서 패한 왜군은 기회만 있으면 진주성을 공략해 실추된 위신을 되찾고 전사자들의 한을 풀어야겠다고 벼르고 있었다. 10만여 명의 왜군이 진주성을 공격했다. 2차 진주성 전투다. 의병과 관군은 10일간 버텼으나 끝내 성을 지켜내지 못했다. 그러나 왜군도 진주 서쪽으로 진격할 힘을 잃었다. 함평에서 의병을 모아 향토방위에 힘쓰던 정감鄭瑊은 함평 의병을 이끌고 의병장 김천일 부대와 합세해 진주성 전투에 참전했다. 모두 전사했다. 학교면 마산리 표산마을에 그를 기리는 충신각이 있다.

　왜군의 호남 침입이 저지됨으로써 인적·물적 자원이 보전된 호남은 후방기지로서의 역할을 훌륭히 해냈다.

뿐만 아니라 이순신의 수군기지를 안전하게 보호해
해전에서 조선 수군이 승리할 수 있는 원동력이 되었다.
이순신은 호남을 이렇게 표현했다.

竊想湖南國家之保障 절상호남국가지보장
若無湖南是無國家 약무호남시무국가

가만히 생각하건대, 호남은 국가의 보루이다.
만약 호남이 없었으면 나라를 보존했을까.

의병장 정감을 기리는 충신각. 학교면 마산리 표산마을에 자리한다.

일충 오효 이열(一忠 五孝 二烈)

전쟁은 명의 원군이 조선에 도착하면서 새로운 국면을 맞는다. 명군과 왜군이 두 차례 전투를 치른 뒤 휴전 회담을 시작했기 때문이다. 하지만 전쟁이 끝난 것은 아니라서 왜군과의 전투가 곳곳에서 벌어졌다. 왜군과 전쟁을 치르랴, 수많은 명군을 먹여 살리랴, 우리 민중이 겪은 고통은 말할 수 없이 컸다. 게다가 명군의 약탈과 행패도 적지 않아, "왜놈은 얼레빗, 되놈은 참빗"이라는 말까지 생겼다. 왜군의 수탈이야 말할 것도 없었지만 조선을 돕겠다고 들어온 명군의 수탈 또한 참빗처럼 빈틈이 없었다는 것을 빗댄 이야기다.

1597년에는 왜가 휴전 회담을 깨고 다시 쳐들어왔다. 정유재란이다. 이번에는 호남도 무사하지 않았다. 오히려 지금까지 쳐들어오지 못한 것에 대한 한풀이라도 하듯 쑥대밭으로 만들었다. 귀무덤이나 코무덤 등은 당시 왜군의 만행이 얼마나 심했나를 보여준다. 왜군의 노략질은 함평의 전 지역에서 자행되었다. 함평향교와 용천사를 비롯한 사찰 모두가 불탔다.

    함평 사람들은 의기와 절개로 이 난국을 버텨나갔다. 학교면 금송리의 김수연金壽淵은 60세가 넘는 고령임에도

의병을 모아 아들 5형제를 앞세우고 남원성 전투에
참여했다. 성이 함락되고 수연은 전사했다. 그의 아들
5형제도 아버지와 함께 싸우다 전사했다. 이 소식을
들은 수연의 처 김씨는 "남편은 나라를 위해 아들들은
아버지의 원수를 갚기 위해 죽었는데 어찌 나라고
살기를 바라겠느냐"라며 일주일간 식음을 끊고 죽었다.
큰며느리 정씨는 목을 매어 자결했다.

　　당시 세인들은 '일충 오효 이열 一忠 五孝 二烈'이라고
하며 한 사람의 충신과 다섯 효자 그리고 두 명의 열부가
나온 이 가문을 크게 추앙했다. 숙종 13년 임금이
이 마을에 금우사 錦宇祠 를 세워 그들을 배향하도록 했다.
마을 입구에는 이 사실을 설명하는 '광산 김씨 양세
삼강비 光山金氏 兩世 三綱碑'가 세워져 있다.
'신하는 임금을 군위신강 君爲臣綱, 자식은 부모를 부위자강
父爲子綱, 아내는 남편을 부위부강 夫爲婦綱 섬기는
것이 근본'이라는 유교의 기본인 삼강 三綱 을 2대에
걸쳐 실천했음을 기리기 위해 세운 비다.

학교면 금송리 금산마을에 있는 금우사(위)와
'양세 삼강비'(아래 왼쪽).
금우사 옆에는 그들을 기리며 제를 지내기 위해 만든
단(壇)이 있다(아래 오른쪽).

정절을 지키고자 바닷물에 뛰어든 여인들

월야면 월악리 지변마을 입구에는 팔열부정각 八烈婦旌閣 이 있다. 정유재란 당시 정절을 지키기 위해 바다에 투신한 이 고장 부녀자들의 절개를 기리고 후세에 전하기 위해 세워진 정려각 旌閭閣 이다. 우리나라 곳곳에 열부를 기리는 정려가 많이 있지만 이곳처럼 한 지역에서 나온 여덟 명의 열부를 함께 기리는 것은 보기 드물다.

    왜군이 쳐들어오자 의병으로 진주성 전투에 공을 세운 바 있던 지변마을의 정운길 鄭雲吉 이 인근의 청장년들을 모아 싸우다가 순절했다. 그의 아들 역시 순절했다. 마을 장정들은 부녀자들을 모두 피신시키고 왜군과 싸우기로 했다.

    어렵게 영광 법성포에 도착한 피난민들은 가까스로 배 한 척을 구해 법성포를 떠나게 되었다. 그러나 이들은 현 백수해안도로 묵방포 앞 칠산 바다에서 왜군의 포로가 되었다. 이때 남편과 아들을 잃었던 정운길의 아내 함양 오씨가 왜적들에게 몸을 더럽혀 가문을 욕되게 하느니 차라리 죽는 것이 옳다며 바닷물에 투신하자 나머지 부녀자들 또한 바닷물에 투신, 순절했다. 같은 시각 같은 장소에서 12명의 부녀자가 바닷물에 뛰어든 것이다.

팔열부정각은 바다에 투신한 12명의 열부 중
동래·진주 정씨 가문의 열부 여덟 명을 기리는 곳으로
이들이 순절한 지 84년 만인 1681년 숙종 7년 나라의
명으로 세워졌다.

현재의 정각은 1986년에 개축한 것으로 정면 3칸,
측면 1칸의 맞배지붕이며 4면은 홍살로 되어 있다.
내부에는 8열부의 명정 銘旌 편액과 그들의 행적을 기록한
실기를 걸어 두었다.

그들이 순절한 영광 백수해안도로 묵방포
바닷가에는 '정유재란 열부순절지 丁酉再亂 烈婦殉節地'가
있다. 월야의 열부들을 기리는 곳이다. 바닷가
암벽에 이곳의 내력을 알려주는 비문이 새겨져 있는데
염기와 바람으로 훼손되어 글씨가 보이질 않아
그 비의 모습을 그대로 본뜬 모형비를 만들어 두었다.
매년 음력 9월에 제사를 지낸다.

월야면 월야리 지변마을에 있는 팔열부정려각.
전라남도 기념물 제8호.

영광군 백수읍 백수해안도로변에 있는
정유재란 열부순절지. 오른쪽은 1681년(숙종 7년)에 세운
열녀순절비, 왼쪽은 바닷가 암벽에 있던
비문을 옮겨 새긴 모형비.

충무공을 제향하는 월산사

함평에는 충무공 이순신 장군을 제향 祭享 하는 사우 祠宇 가 하나 있다. 대동면 향교리 남교마을에 있는 월산사 月山祠 다. 전라남도에는 충무공 관련 국가지정문화재 등 문화자원이 모두 307개인데 함평에는 이곳 월산사가 유일하다. 월산사는 충무공과 함평 출신의 칠실 이덕일 漆室 李德一, 1561-1622 이 왜란 중에 세운 공과 그들의 인연을 내세워 충무공을 사당의 중앙에 모시는 주벽 主壁 으로 하고 이덕일을 배향 配享 하여 추모하고 있다.

이덕일은 대동면 향교리 태생이다. 학문을 열심히 닦아 이름을 떨쳤으며 「간양록 看羊錄 」으로 유명한 영광의 수은 강항 睡隱 姜沆 과는 함께 공부하며 교류가 깊었다. 임진왜란이 일어나자 그는 학문을 그만두고 무예를 닦아 무과에 급제했다.

정유재란이 일어나고 왜군이 함평으로 밀려들어 분탕질을 해대자 그는 함평 사람들과 피난민을 모아 의병을 조직해 향교리 뒷산의 고산골과 신광면 월암리 동막 등지에서 왜군을 무찔렀다. 대굴포, 몽탄 등에서 왜의 수군과도 싸우면서 당시 해전에서 고군분투하던 충무공을 도왔다. 그의 전공과 능력이 충무공에게 인정받아 그 막하에서 복무하기도 했다.

1610년 광해군 2년 병조좌랑 兵曹佐郞 에 이어 춘추관 기사관으로「선조실록」편찬에도 참여했다. 광해군의 난정이 계속되자 낙향해 은거하다가 인목대비를 폐하려 하자 반대상소를 올린 기개 꿋꿋한 선비였다.

고향으로 내려온 그가 지은 〈우국가 憂國歌 〉 28수가 있다. 국정이 문란함을 한탄하며 애타는 심정을 읊은 우국충정의 시조다. 국정 문란의 원인이 당쟁에 있음을 안타까워하는 시조가 많아 어떤 학자들은 〈당쟁상심가 黨爭傷心歌 〉 또는 〈당쟁비가 黨爭悲歌 〉라고도 부른다. 그의 우국가는 국문학사 國文學史 에서도 주목받는 작품으로, 한국 문학사의 대표적인 우국 시조이다. 대학수학능력시험 준비를 위한 이른바 '수능특강'의 단골 소재이기도 하다. 28수 중 열세 번째 시조인 〈상붕당가 傷朋黨歌 〉 한 편을 소개한다.

힘써 하는 싸움 나라 위 爲 한 싸움인가
옷밥에 묻혀 있어 할 일 없어 싸우도다
아마도 그치지 아니하니 다시 어이하리.

'옷밥에 묻혀 있어'는 옷과 밥에 묻혀서, 즉 의식주 걱정이 없어서라는 뜻이다.

월산사(위)와 〈우국가〉 시비(아래).

함평농민들, 항쟁의 깃발을 들다

농민들, 들고일어나다

1862년 철종 13년 은 농민항쟁의 해였다. 전국 대부분의 고을에서 농민들이 봉기하여 조세 행정의 개선과 탐관오리 축출을 요구하고 실력행사에 나섰다. 그해 2월 진주농민항쟁을 시작으로 전국 72곳에서 농민 봉기가 일어났다. 사상 유례가 없는 일이었다. 삼정의 문란과 관리들의 가렴주구로 백성들의 삶의 기반이 완전히 허물어졌다. 반면에 농민들의 의식은 깨어나고 있었다.

삼정 三政 이란 전정 田政, 군정 軍政, 환정 還政 을 말하는 것으로 조선 후기 세수제도의 기본이었다. 전정은 토지에 매기는 세금으로 과세 기준이 있었다. 그러나 관리들은 토지를 넓혀 잡거나 이런저런 명목을 붙여 규정보다 훨씬 많은 세금을 거둬갔다.

군정은 16-60세의 농민 장정들에게 병역의무 대신 삼베나 무명, 즉 군포 軍布 를 매년 1필씩 납부하게 하는 제도였다. 그러나 관리들은 부정한 수단으로 재물을 모으기 위해 더 많은 군포를 거둬들여 그 폐단은 더해갔다. 관리들은 이미 죽은 사람이나 어린아이 몫의 군포를 거두어들이기도 하고, 직계 가족이 없다면 그 일가친척이나 이웃 사람에게서 거두는 등 여러 가지

불법과 비리를 저질렀다. 심지어 태어난 지 3일 된 갓난아이를 군적에 올리는 일까지 있었다.

환정은 흉년이나 춘궁기에 관청의 곡식을 빌려주고 약간의 이자를 붙여서 되받는 것이었다. 이자는 원래 여러 원인으로 인한 손실을 보충하기 위한 것이었으나 실제로는 고리대의 구실을 했다. 이로써 환곡은 일종의 세금이 되고 말았다. 관리들은 이자 수입을 늘리고 재물을 모으기 위해 다양한 불법을 저질렀는데, 환곡의 폐해는 삼정 중에서 가장 심했다. 관리들은 필요 이상의 양을 강제로 빌려주고, 겨를 섞어서 1가마니를 2가마니로 늘려 빌려주는 방식으로 농민을 괴롭혔다.

삼정이 관리들의 수탈과 부정부패 등으로 사실상 백성을 수탈하는 도구로 전락한 것은 세도정치 때문이었다. 세도정치 勢道政治 는 왕실의 외척과 같은 특정 가문이 권력을 독점하는 정치 형태다. 정조가 죽은 뒤 순조, 헌종, 철종 등 역량이 부족한 왕이 잇따라 즉위했고 그 공백은 안동 김씨, 풍양 조씨 등 왕비의 친정인 외척 가문의 권력 농단으로 채워졌다. 특히 철종 대에는 안동 김씨에 의한 세도정치가 절정에 달했다.

당파정치도 그 폐해가 컸지만 그래도 상대가 있어 명분이나 염치를 중시했다. 그러나 세도정치는 염치마저 없었고 세도가의 독주를 견제할 세력이 없어 정치

기강이 문란해지고 타락할 수밖에 없었다. 정치 기강의
문란은 인사 행정에서 두드러지게 나타났다. 매관매직이
공공연하게 이루어졌다. 세도가는 벼슬자리를 축재
수단으로 삼았고 뇌물을 주고 관직을 산 관리들은
백성들로부터 더 많은 세금을 거둬 사복을 채우려고
했다. 매관매직은 특히 지방 수령 자리에서 심했다.
뇌물을 주고 관직을 사서 부임한 지방 수령들은 불법으로
농민의 재산을 빼앗아 사리사욕을 채우기에 바빴다.

19세기, 이른바 삼정문란 三政紊亂 으로 표현되는
사회 모순들은 농민항쟁으로 폭발했다. 1862년 진주를
시작으로 전국의 농민들이 들고일어났다.

전남에서 가장 먼저 일어난 함평농민항쟁

전라도 지역에서는 38개 군·현에서 봉기가 일어났다.
그중 함평의 봉기는 익산에 이어 두 번째, 남도에서는
가장 먼저였다. 함평의 봉기는 또 그 전개 양상에
주목할 만한 점들이 있어 이 시기 농민항쟁을 연구하는
학자들에 의해 대표 사례로 소개되고 있다.

그러나 그 흔적은 함평에서 찾기가 어렵다.
당시 농민들에게 '장군'으로 불리며 항쟁을 주도했던
정한순 鄭翰淳에 관한 흔적도 함평에는 없다.
함평농민항쟁을 석사 논문으로 썼던 함평 출신의
신영호는 그의 흔적을 찾기 위해 함평의 나주 정씨, 진주
정씨 등의 족보를 일일이 확인했으나 찾을 수가 없다고
했다. 당시의 상황이 국가에 대한 변란이어서 문중의
족보에서 빠져버린 것으로 보인다.

함평의 항쟁이 어떠했는지, 이를 이끌었던 정한순이
어떠했는지는 항쟁 1년 후「포도청등록 捕盜廳謄錄」의 한
기록이 말해준다. 이 기록에 의하면 1863년 10월 서울에서
장기형이란 사람이 "호남에서 민요를 일으킨 정한순이
필히 장구대진 長驅大進 할 것이다"라는 유언비어를
퍼트린 죄로 체포되었다. 함평의 농민 봉기와 정한순은
한양에까지 크게 알려졌던 것이다.

함평농민항쟁의 전개 과정을 보면 몇 가지 특징이 있다.
첫 번째는 봉기 전 합법적인 투쟁을 벌인 것이다.
정한순 鄭翰淳을 중심으로 한 봉기의 주동자들은 수령,
관리들의 부정 사실을 관찰사에게 보냈고 감영에도
보냈다. 대답이 없었다. 사헌부에도 보냈으나 역시 답이
없었다. 주동자들은 한양에 올라가 왕이 행차할 때 직접

호소하는 격쟁 擊錚 까지 벌였다. 역시 결과는 없었다. 그들은 마지막 합법적 수단으로 거화 擧火, 이른바 횃불 시위를 벌였다. 왕에게 그 뜻을 전하기 위해 남산에 올라가 횃불 시위를 벌인 것이다. 300여 명의 함평 농민이 참여했다. 이처럼 함평 농민들은 등소 等訴, 격쟁, 거화 등 당시 허용되던 합법적인 방법으로 문제를 해결하려 했다. 그러나 왕에게까지 알려진 함평 농민들의 호소에 대해 아무런 조치가 없었다. 오히려 주동자들을 처벌하려 했다.

농민들이 할 수 있는 일은 전면 봉기뿐이었다. 주동자들은 각 면의 조직을 통해 거사를 알렸다. 4월 16일 11시경 읍내 시장으로 농민들이 모여들었다. 함께한 농민의 수가 수천 명에 달했다.

함평농민항쟁의 두 번째 특징은 조직력이 탄탄했다는 것이다. 등소, 거화 등의 합법적 운동을 벌이면서 조직을 다져 수천 명의 농민이 봉기에 참여했다. 당시 함평현의 인구수는 알 수 없으나 70여 년 전인 1789년 「호구총수」에 의하면 22,391명으로, 그중 남자는 9,756명이었다. 항쟁 당시 호구에 들지 못했던 노비나 노인, 어린이를 제외하더라도 수천 명의 농민 동원은 대단한 것이었다. 이들은 사발통문을 보고 몰려든 것이

아니라 조직적으로 동원되었다. 농민들은 면面과
리里의 이름을 쓴 깃발을 앞세우고 죽창이나 작대기로
무장했다.

농민들은 그들이 장군이라 부르며 따르던 정한순의
지시에 따라, 권력을 남용해 자신들을 괴롭혔던
행정 관리 이서배吏胥輩와 고리대나 고율의 소작료를
통해 수탈에 앞장섰던 토호土豪들의 집을 공격해 곡식을
빼앗아 농민들에게 나누어 주었다.

    이후에는 동헌을 공격해 감옥을 열어 죄수들을
방면했다. 현감 권명규는 농민들에게 곤욕을 당한 후
함평현 밖으로 쫓겨났다. 농민들은 5월 10일까지 25일
동안 함평현을 다스렸다. 이 사건을 조사하기 위해
조정에서 내려온 관리들이 제대로 조사가 이루어지도록
돕기도 했다. 이 모든 일들이 '장군의 명령'으로
이루어졌다. 이때의 장군은 물론 정한순이다. 정한순을
중심으로 한 조직이 민심을 바탕으로 제대로 작동한
것이다.

함평농민항쟁에는 다양한 계층이 참여했다. 항쟁
주도층은 시골에 살지만 문벌이 좋은 대민大民, 아전의
우두머리인 수리首吏, 면 행정책임자인 면임面任, 몰락

양반이 대부분이었던 훈장 訓長 등의 신분이었다.

정한순을 최측근에서 보좌한 이방헌 李邦憲 은 함평현의 우두머리 아전의 신분으로 항쟁에 참여했다. 현청의 내부 사정을 누구보다 잘 아는 그는 관리들의 탐학 사실을 폭로하고 농민군의 계략을 수립하는 데 앞장섰다.

말단 지배층이라고 할 수 있는 면임들의 적극적인 참여도 주목된다. 면임은 각종 세금 징수에 관여하고 행정업무를 전달하는 등 수령의 통치를 보조하는 역할을 했다. 당시 함평현에는 14개의 면이 있었는데 13개 면의 면임이 항쟁에 참여했다.

훈장들도 적극 참여했다. 당시 훈장은 빈곤한 몰락 지식인이었으나 마을에서는 여론을 주도하는 주요 세력이었다. 14개 면을 대표하는 14인의 훈장이 면임들과 함께 비용을 조달하는 한편, 농민들의 참여를 촉구하고 그들을 인솔했다. 훗날 정한순과 함께 항쟁의 주동자로 처형된 6명 중 정한순 등 4명이 훈장이었다. 이들의 활약으로 함평농민항쟁은 대대적, 조직적으로 비교적 장기간 전개될 수 있었다.

요구사항 전하며 자수한 항쟁 지도자들

장군으로 불리며 항쟁을 주도했던 정한순의 가문과 출생, 성장 과정 등에 대한 것은 알 수가 없다. 그가 진술한 공초 供招 기록 등에 의해 그가 식지면 食知面, 지금의 나산면 중촌 출신이고 경상접장 京商接長 이었다는 것만 알 수 있다. '접장'의 사전적 의미는 '접의 우두머리'와 '서당에서 나이와 학력이 가장 높아 선생을 돕는 사람'이다. 보부상의 우두머리 또는 어떤 고을에서, 외부에서 선생을 모시는 경우 그를 접장이라고 불렀다. 따라서 정한순은 훈장이면서 한양 등을 오가면서 물건을 파는 행매업 行賣業 을 했던 조선 후기의 몰락한 전형적인 지식인이었다. 도시 지역을 왕래했기에 외부의 정세에도 밝았을 것이다. 함평의 농민들을 이끌고 한양에 올라와 격쟁·거화 등의 합법적 투쟁을 벌일 수 있었던 것은 그의 이러한 경력과도 무관하지 않을 것이다. 누구보다 빨리 진주농민항쟁 등에 관한 소식도 접했을 것이다.

향교에 지휘부를 두고 25일간 함평현을 다스렸던 항쟁 주도자들은 조정에서 파견된 안핵사 按覈使 에게 자수를 한다. 함평농민항쟁의 특징이다. 그들은 민란을 수습하기 위해 왕의 명령을 받은 안핵사가 도착하자

개선을 바라는 10개의 요구사항, 즉 '앙진10조 仰陳十條'를
전하고 자수한 것이다. 이때 정한순은 안핵사에게 이렇게
말했다.

"구감사 구현감이 불법을 많이 저질러서 그 곤경을 참을
수가 없었는데 다행히 금일 사군 使君, 왕의 명령을 받고 온 관리를 높여 부르는 말 을 맞게 되었습니다. 우리의 바람은 사실이
드러남에 있기 때문에 이처럼 스스로 나타난 것이며
죄수가 되고자 합니다."

6월 초 정한순을 비롯한 주모자 6명이 교수형에
처해졌다. 많은 이들이 귀양을 가고 장형 杖刑 등의 처벌을
받았다.

함평농민항쟁은 단순한 민란이 아니었다. 참여 계층이
다양했다. 여러 차례의 등소운동과 향회를 통해
농민들은 폐막의 사실을 정확히 알게 되는 등 의식이
높아졌다. 조직력 또한 갖추었다. 정한순을 장군으로
추대하고 각 면의 책임자인 훈장과 면임들이
장군의 명령에 따랐다. 수천 명이 동원되어 10여 일간
행정을 장악하고 처리할 수 있었던 것도, 지속적인
추진력을 발휘할 수 있었던 이런 조직이 있어서 가능했다.
30여 년 후 동학농민항쟁으로 발전해가는 과정이었다.

함평의
동학 농민들,

혁명의 대열에

앞장서다

1894년 갑오년 동학농민혁명의 뜨거운 불길이 함평에도 번져왔다. 그해 4월 16일 전봉준이 이끄는 동학농민군 주력이 함평에 왔다. 황토현 전투에서 전주 감영의 관군을 크게 물리친 농민군은 정읍, 영광 등의 관군을 쉽게 격파하면서 함평에 이른 것이다. 당시 함평은 현감 휘하의 수성군 150여 명이 있었으나 6,000-7,000여 명의 동학농민군에게 쉽게 점령당했다. 함평의 많은 동학도와 농민들이 함께했을 것이다.

매천 황현梅泉 黃玹, 1855-1910이 쓴 「오하기문梧下記聞」에는 당시 함평에 들어온 동학농민군의 모습을 다음과 같이 기록하고 있다.

"앞에서는 날라리를 불고 그다음에는 '인仁' 자, '의義' 자를 새긴 깃발 한 쌍이, 다음에는 '예禮' 자, '지智' 자를 새긴 한 쌍이 뒤따랐다. 또 다음에는 흰색 깃발 두 개가 뒤따라왔는데 하나에는 '보제普濟' 다른 하나에는 '안민창덕安民昌德'이라 썼다. 다음의 황색기 하나에는 '보제중생普濟衆生'이라 씌어 있었고 나머지 깃발에는 각 고을의 이름이 씌어 있었다. … 그다음에는 두 줄로 만여 명의 총수銃手가 뒤따르는데 모두 머리에 수건을 두르고 있었다. 수건은 다섯 가지 색깔로 각기 달랐으며 그 뒤에는 죽창을 든 자들이 따랐다."

함평의 동학

동학 東學 이 함평에 언제 들어왔는지에 대한 기록은 없다. 영광이나 무안 등 인근 고을과 마찬가지로 1890년 초기에 전파되고 포교도 활발했던 것으로 보인다. 1893년 3월 충청도 보은에서 열린 교조신원운동 敎祖伸寃運動 에 함평의 동학교도들이 참여했다는 것이 첫 기록이다.

    동학은 각 지역에 세포 조직인 포 包 를 설치해 접주 接主 가 통솔하고 접주 중에서 유력한 사람이 대접주 大接主 또는 도접주 都接主 가 되어 여러 포를 통솔했다. 각 접에는 교장 敎長 , 교수 敎授 , 도집 都執 , 집강 執綱 , 대정 大正 , 중정 中正 등의 직분을 두었다.

함평의 동학 대접주는 손불면 죽장리 장동마을의 이화진 李化辰 이었다. 공주 이씨의 족보에 의하면 그의 본명은 경진 景鎭 , 호는 평암 平庵 , 화진은 자 字 이다. 화삼 化三 이라 부르기도 했다. 그의 호인 평암은 바로 2대 동학 교주인 최시형이 제자들에게 호를 줄 때 '암'을 돌림자로 사용한 사실과 관련이 있는 것으로 보인다. 그는 전봉준의 농민군이 함평에 온 후부터 본격적으로 농민군을 규합했다. 이웃 마을인 신광면 사천마을에 사는 장경삼 張京三 형제들에게

적극적으로 동참할 것을 권했다. 재산도 있고 함평향교의
장의掌議를 지내는 등 이 지역에서는 명망이 높았던
장경삼은 그의 동생 옥삼 玉三, 이화진의 매부, 공삼 公三과 함께
농민군에 참여했다. 이들 삼형제가 참여하자 인근의
농민들이 모여들었다. 이들은 농민군을 조직해 마을 앞
들판에서 훈련도 시켰다. 그래서 지금도 그 들판을
'삼정들' 또는 '삼장들'이라고 한다. 당시 함평의
대성大姓인 함평 이씨 이태형李泰亨은 고군산 격포진관
수군절제사를 지내며 암암리에 농민군을 지원했다.
　　당시 동학교도 수가 얼마였는지는 알 수 없으나
함평을 '동학의 대 소굴 중의 하나'라고 한 훗날의 기록을
볼 때 동학교도의 숫자도 많았을 뿐만 아니라 지역민들의
참여도 적극적이었을 것이다.

농민의 자치기구, 함평의 집강소

4월 21일까지 함평에 머물다 장성으로 간 전봉준의
동학농민군은 중앙에서 내려온 초토사招討使 군을 상대로
대승을 거둔다. 유명한 황룡전투이다. 함평의 농민군들도
이 전투에 참여했다. 기세가 오른 동학군은 4월 27일,
전주성을 쉽게 점령했다.

그러자 조정은 훗날 조선왕조의 멸망을 초래할
결정을 내렸다. 관군만으로는 동학농민군을 진압하기
어렵다고 판단한 조정은 청나라에 구원병을 요청했다.
3,000여 병력의 청나라 군대가 아산만에 상륙했다. 이에
일본은 조선에 있는 일본인들의 보호를 구실로
7,000여 명의 군대를 인천에 상륙시켰다. 조선 땅에서
벌어질 청·일전쟁을 조선 조정이 마련해준 것이다.

주변의 국제정세가 미묘하게 돌아감을 뒤늦게
안 조정은 동학농민군에게 휴전을 제의했다. 전봉준도
동학농민군의 요구에 응하겠다는 제의를 받아들여
휴전이 성립되었다. 관군과 동학농민군은 서로
협력하고 폐정을 개혁하자는 데 합의하며 이른바
전주화약 全州和約 을 맺었다. 양측이 합의한
'폐정개혁안 弊政改革案 12개조'가 공표되었다. 이에
따라 관군은 한양으로 올라가고 동학농민군은 합의한
폐정개혁안을 수행하기 위해 전라도 53개 군·현에
집강소 執綱所 를 설치했다.

폐정개혁안 12개조

동학교도와 정부와의 숙원을 없애고
공동으로 서정(庶政)에 협력할 것.

탐관오리의 죄상을 자세히 조사 처리할 것.

횡포한 부호를 엄중히 처벌할 것.

불량한 유림과 양반을 징벌할 것.

노비문서를 불태울 것.

칠반천인(七班賤人)의 대우를 개선하고
백정의 머리에 쓰게 한 평양립(平壤笠)을 폐지할 것.

청상과부의 재혼을 허가할 것.

무명의 잡부금을 일절 폐지할 것.

관리 채용에 있어 지벌(地閥)을 타파하고
인재를 등용할 것.

일본과 상통하는 자를 엄벌할 것.

공사채(公私債)를 막론하고 기왕의 것은
모두 면제할 것.

토지는 균등하게 분작(分作)하게 할 것.

집강소는 농민 자치 기구이자 농민군의 지방 통치조직이었다. 집강소에는 1인의 집강 아래 서기·성찰 省察·집사·동몽 童蒙 등의 임원을 두어 각 지방의 대민 행정업무를 처리했다. 각 군현에는 비록 군수나 현감 등의 지방관이 있었지만 농민군이 호남 일대를 장악한 상태에서 그들의 지위는 형식적인 것에 불과했고 집강소가 사실상 지방행정을 좌우했다. 집강소는 민중이 자치와 자립의 민주주의를 실현했던 기구였다.

함평의 집강소는 어디에 있었을까? 동학농민혁명기념재단의 유적지 정보에는 지금의 함평군청 자리인 함평현 관아에 집강소를 설치했다고 한다. 임시 집강소도 있었다. 함평읍 진양리 양림 삼거리에서 주포로 가는 길을 따라 100m쯤에 가면 폐허가 되어버린 한옥이 있다. 임시 집강소로 사용했다는 한옥이다. 이 건물은 인동 장씨의 사우인 경모재 敬慕齋였다. 이곳 양림마을은 인동 장씨의 집성촌이다. 그 앞길이 지금의 주포로 酒浦路 다. 당시는 함평만으로 입·출항하는 길손과 화물을 나르던 인마와 수레들이 많이 오갔을 길이어서 이곳을 임시 집강소로 사용했던 것 같다. 후손의 증언에 따르면

이때 이곳의 집강소 서기였던 장경광 張京光 은
무안 해제로 피신해 숨어 살다가 끝내 돌아오지 못하고
그곳에서 숨졌다고 한다.

지금은 이 건물을 돌보는 사람이 없어 폐가가
되어버렸지만 함평에 남아 있는 유일한 동학농민혁명의
흔적이다.

한편 이들 읍 단위의 집강소 아래에는 각 면 단위의
집강소들이 있었던 것으로 보인다. 즉 한 군현에 몇 개의
접 接 이 있는 경우 각 접별로 집강소가 설치되었다.
2016년 발견된 함평 갈동의 집강소에 관한 문서를 보면,
갈동면 현 월야면 에 집강소가 설치되어 접주 정안면 鄭安冕 이
집강을 겸했고, 그 아래에 다시 5명의 집강이 있었다.
이들은 아마도 리 단위의 집강을 맡고 있었던 것이
아닌가 싶다. 정안면은 월야면 양정리 양지마을 사람으로
본관은 나주, 신분은 평민, 비교적 부유한 편으로
지식층이었다고 한다.

수군절제사가 함평 농민군을 이끌다

조선에 들어온 일본군의 야심이 드러나기 시작했다.
조선의 내정개혁을 강요하며 친일 인사로 내각을

집강소로 쓰였던 경모재의 1970년대(위)와
현재(아래)의 모습.

신광면 계천리 사천마을 입구에 세워진 '동학농민혁명
지도자 장씨 삼형제 공적비'.

구성하도록 했다. 6월 21일에는 경복궁에 침입해 고종을
감금하기도 했다. 23일에는 청·일전쟁을 일으켰다.
아산만에 주둔하고 있는 청군을 공격해 대승을 거두었다.
그 후 전투에서도 청군은 일본군의 적수가 되지 못했다.
8월 17일 평양에서 벌어진 전투에서 청군이 대패하며
전쟁은 일본의 승리로 끝나가고 있었다. 조선 땅에서
벌어진 두 외국 군대끼리의 전쟁, 이는 조선을 장악하기
위한 전쟁이었다. 이를 바라만 볼 수밖에 없었던
조선왕조는 그 명이 다해갔다. 조선에 일본의 세상이
오고 있었다.

 이렇게 일본의 야욕이 드러나자 동학농민군이
다시 봉기했다. 9월 18일 전라북도 삼례에 전라도 지역의
동학농민군 10만여 명이 모였다. 오지영의 「동학사」에
의하면 이때 이○○라는 지도자가 함평 동학군 1,000여
명을 인솔하고 왔다. 다른 지역의 지도자는 이름을
밝혔는데 함평 지도자만 이○○ 李○○ 으로 적혀 있다. 그는
당시 격포진관 格浦鎭管 수군절제사 水軍節制使 였던 함평읍
출신의 이태형 李泰亨 이다. 수군절제사라는 직함 때문에
이름을 밝히지 않았던 것으로 보인다. 그가
언제부터 동학에 참여했는지는 알 수 없으나 적어도
동학군의 재봉기 시에는 함평의 지도자였다.
조선을 삼키려는 일본의 야욕을 알았기에 관군의

입장이었으면서도 기꺼이 참여했을 것이다. 나중에
동학군을 색출해 처단할 때 밀고로 체포되어 처형되었다.
밀고자는 이태형의 아들에게 살해됐다. 아들의 복수는
당시 함평에 널리 회자되었다.

'척왜 斥倭'를 내건 이번 봉기에는 그동안 소극적이었던
북접 北接, 즉 충청도·경기도·강원도·경상도 동학농민군도
함께했다. 일본의 조선 침략 야욕이 노골화되자
그들도 함께 나선 것이다. 1차 봉기라 할 수 있는 고부에서
시작된 봉기가 폐정개혁 등의 반봉건을 내세웠다면
남·북접이 함께한 2차 봉기는 일본 등 외세를 몰아내자는
반외세 전쟁이었다.

    논산에 집결한 20만 명이 넘는 동학농민군은
전봉준을 총대장으로 삼고 서울로 진격하기 위해
공주성을 압박했다. 이들을 진압하기 위해 관·일본군이
공주성 외곽에 진을 쳤다. 우금치 전투가 벌어졌다.
며칠 동안 계속된 전투에서 동학농민군은 신무기로
무장한 일본군을 당해낼 수가 없었다. 농민군의
시신이 산과 들을 덮었다는 우금치 전투에 패하면서
동학농민군은 흩어져 남으로 남으로 내몰렸다.

    관·일본군의 토벌이 시작되었다. 전라도 지역은
동학농민군의 학살 현장이 되었다.

동학농민군의 뒤를 쫓던 일본군과 관군에 의해, 또 기득권을 되찾으려 지역 토호들이 조직한 민보군 民保軍 에 의해 동학군은 물론 그 가족, 양민이 곳곳에서 학살되었다. 현상금을 건 밀고제가 시행되었다. 「동학사」는 함평·영광·나주·장흥·강진 등의 피해가 가장 심했다고 기록하고 있다.

당시 비참하게 죽은 삼형제의 넋을 기리는 탑이 신광면 계천리 사천마을 입구에 있다. 이 마을에 살던 장경삼 張京三, 옥삼 玉三, 공삼 公三 삼형제가 동학농민혁명에 참여하자 인근의 많은 농민이 이들을 따랐다. 학식과 후덕한 성품 탓이었을 것이다.
경삼은 12월에, 옥삼과 공삼은 다음 해 2월에 함평에서 처형되었다. 이들의 집은 헐려 함평 관아 객사의 재목으로 사용되었다고 한다.

전봉준 아들, 함평에 묻히다

함평읍 곤봉산에는 최근 들어 관심을 끄는 묘비 墓碑 가 있다. 사진에서 보듯 묘의 형태는 거의 남아 있지 않지만 묘비의 비문은 선명하게 보인다. 비문은 다음과 같다.

"天安全公儀千之墓 配咸平李氏 雙兆 천안전공의천지묘 배함평이씨 쌍조". 비문에 의하면 이곳은 천안 전씨 의천儀千의 묘로 아내인 함평 이씨와 함께 묻혀 있다는 것이다. 그런데 묘의 주인공인 '의천'이 바로 동학농민혁명을 이끈 녹두장군 전봉준의 아들이라는 것이다.

이 이야기는 송정수 전북대 명예교수가 쓴 「전봉준 장군과 그의 가족 이야기」 2021년 에 나온다. 동학농민혁명사의 오랜 과제였던 전봉준의 가족사를 밝혀낸 것으로 평가받는 책이다. 2018년에 「베일에서 벗어나는 전봉준 장군」을 출간한 송 교수는 전봉준의 증손자라는 사람이 나타나 그의 증언을 토대로 이 책을 썼다고 했다.

전봉준의 증손자, 그러니까 곤봉산에 묻혀 있는 의촌의 손자 전장수가 자신의 아버지에게 들었다는 내용은 이렇다.

전봉준은 여산 송씨와 결혼해 1875년 연년생으로 두 딸을 낳았다. 몸이 약한 송씨는 둘째 딸을 낳다가 숨졌다. 청상과부로 있던 남평 이씨 이순영이 젖이 잘 나와 젖어미로 들어와 두 딸을 키웠다. 자연스럽게 이순영은 전봉준과 함께 살게 되었고, 1877년 전봉준과 정한수 한 그릇을 떠놓고 결혼했다. 1879년 장남 전용규와 1882년 차남 전용현을 낳았다.

1894년에 장남이 폐병에 걸렸다. 감염을 피하기 위해 차남 용현은 출가한 큰딸 전옥례에게, 차녀 전성녀는 비구니로 절에 맡겨졌다. 1895년, 전봉준이 처형당하자 부인과 큰아들은 토굴로 피신해 숨어 지냈다. 토굴에 숨어 살던 큰아들은 결국 폐병으로 세상을 떠났다.

큰딸 전옥례 집에 맡겨진 둘째 아들 용현은 아버지 전봉준이 처형되자 이름을 '의천'으로 바꾸었다. 16세 되던 해 누나 집을 나온 의천 용현 은 함평, 무안 등지에서 살다가 25세가 되던 1906년에 함평 이씨 이양림과 결혼했다. 무안에서 신혼생활을 시작한 그는 약 20년간 무안에서 서당 훈장을 하며 생계를 이어갔다. 1909년에 장남 전익선이 태어났다. 1919년 38세 되던 해에 의천은 아버지 전봉준의 유해를 한양에서 가져와 정읍 비봉산 자락에 이장했다.

1926년 아내 이양림이 40세의 나이에 함평에서 사망했다. 이양림은 지금 묘비가 있는 함평의 곤봉산에 묻혔다. 의천은 1941년 예순 살의 나이로 사망했다. 목포 유달산 기슭에 있는 공동묘지에 안치되었다. 1952년 아들 익선이 목포에 머물 때, 아버지의 유해를 수습해 함평 곤봉산에 묻혀 있는 모친의 묘소 옆에 이장하고 묘비를 세웠다.

함평읍 곤봉산에 있는 전봉준 아들의 묘.

1998년 익선이 죽자 그의 아들 장수가 아버지의 유언대로 시신을 화장한 후에 유해를 함평 곤봉산에 있는 조부모님의 묘소 앞에 묻었다.

「전봉준 장군과 그의 가족 이야기」의 저자는 전봉준의 증손자라는 전장수의 증언이 매우 구체적이고, 다른 관련 인사들의 증언과도 일치해 신뢰할 만한 것으로 판단하고 있다. 전장수는 진주에서 목회자로 활동하고 있다.

전장수는 2018년 9월, 문화체육관광부 특수법인 동학농민혁명기념재단 내에 있는 '동학농민혁명 참여자 명예회복 심의위원회'에 유족 등록 신청을 했다. 그러나 위원회는 "제적등본에 있는 전장수의 증조부 전민화가 전봉준과 동일한 사람인지 확인할 수가 없다. 추후에 다시 유족심사를 신청하면 모든 심사를 처음부터 다시 시작하겠다"라는 답을 보내왔다.

앞으로 어떤 결론이 날지는 알 수 없으나 제적등본 등만으로는 판단할 수 없을 것이다. 동학농민혁명 참여자는 당시는 물론 일제강점기, '동학란'으로 불리던 해방 이후 1960년대까지 '역적'이었다. 그 후손은 '역적의 후손'이었다. 아버지의 이름을 숨기고 자신의 이름도 바꾸어야 했다. 호적이나 족보로 후손을 가릴 수 없는 까닭이다. 과학적인 새로운 방안이 마련되어야 한다.

동학농민혁명은 실패로 끝났지만 농민들의
반일애국주의는 다음 시기 의병운동의 밑거름이 되었고
농민들의 개혁 요구는 갑오경장 등에 부분적으로
반영되기도 했다. 무엇보다도 동학농민혁명은
우리 근현대 역사가 나아갈 방향을 제시한 역사적
사건이었다. 당시 그들이 내걸었던 인본, 자주,
평등의 메시지는 지금도 살아 있는 가치이자 우리의
미래가치이기도 하다. 그래서 '동학란'에서부터
'동학농민운동' 등의 이름을 거쳐 '동학농민혁명'이란
명칭을 갖게 되었다.

동학(東學)

1860년 최제우(崔濟愚)가 창시한 민족 종교로 '사람이 곧 하늘이다'라는 인내천(人乃天) 사상을 특징으로 한다.

'동학'이란 교조 최제우가 서교(西敎, 천주교)의 도래에 대항하여 동쪽 나라인 우리나라의 도를 일으킨다는 뜻에서 붙인 이름이다.

동학은 인본주의(人本主義)를 기반으로 인간 평등과 사회 개혁을 주장함으로써 사회의 변화를 갈망했던 민중의 호응을 얻었다.

동학의 교세가 매우 빠르게 성장하자 조정은 1864년 1월 혹세무민죄로 최제우를 처형한다.

교단과 교리를 체계화한 2대 교주 최시형(崔時亨)의 열렬한 포교로 경상·충청·전라의 삼남 지방에 뿌리를 내렸다.

교조신원운동(敎祖伸寃運動)

1892-1893년에 동학교도들이 벌인 운동으로, 1864년에 처형된 동학의 창시자 최제우의 억울함을 풀고 포교의 자유를 인정해줄 것을 내세웠다.

1892년 삼례에서 집회를 열어 교조 신원을 주장했다. 1893년에는 서울 대궐 앞에 엎드려 상소를 올리는 복합(伏閤) 상소 운동을 전개했다.

정부가 미온적인 태도를 보이자 1893년 3월 2만여 명의 신도들이 충청북도 보은에 모였다. 이때부터 교조 신원의 요구를 넘어 '척왜양창의(斥倭洋倡義)', 즉 '서양과 일본을 물리치고 대의를 세운다'라는 구호가 등장하기 시작했다.

동학농민 혁명의 전개 과정

1단계: 1894년 1월 10일 일어난 고부 농민봉기 단계이다. 전봉준 등이 이끈 동학농민들이 탐관오리로서 온갖 폭정을 저지른 고부 군수 조병갑을 몰아내고 수탈의 상징인 만석보를 허물어버린 사건을 말한다. 1월 10일에 시작해 3월 13일 해산하기까지 무려 두 달이나 계속되는 지속성을 보여줬다는 점이 종전의 민란과 달랐다.

2단계: 고부 농민봉기를 수습하기 위해 파견된 안핵사 이용태의 탄압이 견딜 수 없을 만큼 거세졌다. 이에 고부 농민봉기를 주도했던 전봉준 등 지도부가 3월 20일 8천여 명의 대오를 구성해 조직적으로 일으킨 무장봉기 단계이다. 4월 7일, 전주에서 출동한 전라감영군을 황토현에서 격파하고 남쪽으로 내려가 정읍, 고창, 영광, 함평, 무안을 점령했으며, 4월 23일 장성 황룡촌에서는 정부에서 파견한 홍계훈의 경군(京軍)을 무찔렀다. 4월 27일에는 전주성을 점령하고, 5월 8일 전주화약(全州和約)을 체결했다. 이를 계기로 동학농민군들은 자기들의 고을로 돌아가 폐정개혁을 단행하게 된다.

3단계: 동학농민군들이 전주화약을 맺은 후 전라도 각 고을로 돌아가 집강소를 설치하고 폐정개혁을 실시한 집강소 통치 시기이다.

4단계: 왕궁을 점령하는 등 일본의 야심이 드러나자 '척왜'를 내걸고 농민군이 재기한 9월부터 그해 12월 전봉준이 체포되기까지이다. 10만여 명의 전라도 농민군이 삼례에 집결했다. 그동안 소극적이었던 충청, 경기, 강원 등의 농민군 10만여 명이 논산에서 합류했다. 전봉준을 총대장으로 한 이들 연합군은 서울로 북상하다가 공주 남쪽의 우금치에서 관군 및 일본군과 대격전을 벌였다. 10여 일간 50여 차례의 공방전을 벌인 이 전투에서 농민군은 무기의 열세를 극복하지 못하고 대패했다.

제4부

근·현대의 함평

호남 의병을 이끈   함평 의병

항일정신의 상징, '삼성 삼평'

고등학교 1학년 때이니까 1966년 일이다. 지리 수업 시간에 선생님이 나에게 물었다.
"자네는 고향이 어딘가?"
"함평입니다."
"함평… 음, 삼성 삼평이라. 좋은 데서 왔구먼."
그때부터 나는 좋은 데서 온 학생이었다. '삼성 삼평'이란 말도 이때 처음 들었다.

전라남도에는 '삼성 삼평三城三平'이라 불리는 지역이 있다. 그곳 사람들이 앉은 자리에는 풀도 나지 않는다는 말도 있다. 그곳에 사는 사람들이 독하다는 것이다. 언제부터, 왜 이런 말이 생겼을까.
 '삼성 삼평'은 장성·보성·곡성, 함평·창평·남평을 말한다. 이 말은 이 지역을 인심이 까다로운 곳으로 잘못 인식되게 했으나 실은 배일사상이 투철해 골머리를 앓았던 일본 사람들이 만들어 낸 말이었다. 의병들의 저항이 무척이나 심했고 일본인들의 상점 등이 발도 붙이기 힘들었던 지역이어서 일본인들이 퍼트린 말이었다. 특히 이 지역에서는 의병 활동이 가장 활발했고 의병장 또한 어느 지역보다 많이 배출되었다. '삼성 삼평'은 항일정신의 상징이자 함평의 자부심이다.

일본의 침략이 노골화되자 이에 분노한 국민들의 항일운동이 거세게 일어났다. 무장단을 조직해 적극적으로 항일투쟁을 전개하는 의병부대들이 전국 각지에서 봉기했다. 그들은 일본군과 군사시설을 공격하는 한편 친일파 인사들을 응징하기도 했다. 한말 항일 의병 활동은 크게 3단계로 구분할 수 있다.

민비시해(閔妃弑害)와 1차 의병

제1차 의병 봉기는 1896년 1월 20일 전후에 일어났다. 1895년 8월 20일 일본은 낭인浪人이라는 일본인 무뢰배들로 하여금 고종의 아내인 민비閔妃, 명성황후는 후에 붙인 시호를 시해하는 만행을 저질렀다. 을미사변乙未事變이다. 국모가 일본인들에 의해 시해당하고 시체까지 불태워진 엄청난 사건으로 국민들의 분노가 커졌다. 민심이 극도로 흉흉했다.

그런데 석 달 후인 11월 15일에는 상투를 없애고 머리를 짧게 하라는 단발령斷髮令이 내려졌다. 국민들은 거세게 반발했다. '머리털은 부모님이 만들어 준 신체의 일부여서 그것을 자르는 것은 불효'라는 것이 당시 사람들의 생각이었다. 유림의 거물인 최익현崔益鉉은 "목은 자를 수는 있어도 머리털은 자를 수 없다"라고 했다.

전국 각지의 유생儒生들이 들고일어났다. 충의忠義를 위해 역적을 토벌한다는 명분을 내걸어 의병이라 부르고 을미년에 일어나서 '을미의병'이라고도 한다. 한말 의병의 시작이었다. 의병은 친일 내각을 받드는 지방 관리들을 처단하고 관군과 일본군을 공격하였다. 그러나 을미의병은 고종이 세자와 함께 러시아 영사관으로 거처를 옮긴 아관파천俄館播遷 후 친일정권이 무너지고 국왕이 해산을 권고하자 대부분 해산했다.

을사늑약(乙巳勒約)과 2차 의병

제2차 의병 봉기는 1905년 11월 일본의 강압에 의해 을사늑약乙巳勒約이 체결되자 일어났다. 우리의 주권이 일본에 넘어가고 국가의 존립이 위태로워지자 1차 봉기에 비해 더 광범하고 격렬하게 봉기했다. 호남에서는 최익현崔益鉉이 900여 명의 의병을 모아

태인, 정읍 등지에서 활약하다가 패하여 대마도로 유배당했고 그곳에서 순절했다. 그 뒤를 이어 고광순 高光洵 의 창평 의병, 기우만 奇宇萬 의 장성 의병, 함평 이씨인 이대극 李大克 의 영광 의병 등이 봉기했다.

군대 해산과 3차 의병

제3차 의병 봉기는 1907년 대한제국 군대를 강제로 해산시키는 조치가 내려지자 일어났다. 일본은 한반도를 식민지로 만드는 데 가장 큰 걸림돌이 될 대한제국의 군대를 해산시켰다. 대한제국의 기간부대였던 서울의 시위대 侍衛隊 와 지방의 진위대 鎭衛隊 군인들이 군대 해산에 반대하며 일본군과 시가전을 벌이기도 했으나 무기가 떨어지자 지방의 의병부대에 합류했다. 군인들의 참여로 1, 2차 때와는 달리 각 지역의 의병부대는 조직, 전술, 장비 등이 본격적인 전투를 할 수 있을 만큼 발전했다. 그동안 유생과 농민이 중심이었던 의병부대는 평민 등 다양한 계층의 참여가 늘었고 신돌석, 홍범도와 같은 평민 의병장이 등장했다.

전라도의 의병 활동, 함평 의병이 주도하다

제3차 의병 활동이 가장 치열했던 곳은 전라남도였다. 1908년에는 적과의 교전이 274회 전국의 19.9%, 1909년에는 547회 전국의 31.5%에 이르렀고 참전 의병 수는 전국의 절반에 가까운 17만 579명이었다. 1908년에는 하루에 한 건, 1909년에는 하루에 두 건에 가까운 의병전이 전남에서 벌어졌다. 함평에서의 전투도 다른 지역에 비해 많았다. 함평 출신 의병들이 많았고 의병장 또한 많았다. 김태원·김율 형제 의병장, 나산면의 박영근 의병장, 월야면의 이강산 의병장, 심남일 의병장 등의 활약이 두드러졌다. 이때 전라도의 의병 활동은 함평 사람들이 주도했다고 해도 지나친 말이 아닐 정도였다.

1909년 9월부터 일본은 전라도 의병을 초토화하기 위한 이른바 '남한 대토벌작전'을 벌인다. 일본은 조선을 식민지로 만드는 데 큰 걸림돌 중 하나가 국내에서 활동하는 의병 세력 가운데 가장 치열하게 위협해오는 전라도 의병이라고 보았기 때문이다. 또한 곡창지대인 전라도 지역을 장악해 자신들의 식량 주 공급지로 삼으려면 이곳 의병을 가장 먼저 제거해야 했다. 두 달여 동안 마을 간 왕래를 차단하고 마을마다 2회 이상, 어떤 곳은 10여 회 이상 수색을 반복했다. 전라남도 지역은 살육, 방화, 약탈, 폭행 등으로 생지옥이 되었다. 신광면 원산리 덕동마을은 이곳에서 심남일 의병장이 기병했다는 이유로 마을 전체가 불태워졌다.

일본 경찰의 의병 소탕에 관한 기록인 「전남폭도사 全南暴徒史」는 이때의 의병 활동을 3기로 나누고 대표적인 의병장을 '거괴 巨魁'라 칭하며 다음과 같이 기술하고 있다.

"1기 1906.1~1907.12 의 대표적 거괴는 최익현 崔益鉉 · 고광순 高光洵 · 기삼연 奇參衍, 2기 1908.1~12 의 거괴는 김태원 金泰元 · 김율 金聿 형제, 3기 1909.1~12 의 거괴는 전해산 全海山 · 안계홍 安桂洪 · 심남일 沈南一 세 사람이다."

이 중 김태원, 김율 형제와 심남일이 함평 출신이다.

죽봉 김태원(竹峯 金泰元), 김율(金聿) 형제 의병장

김태원은 나주 문평면 갈마지 마을에서 태어났다. 그래서 모든 기록에 나주 출신으로 나온다. 어렸을 때

부모가 함평군 나산면 수상리 대안촌으로 이사를 와
이곳에서 성장했다. 그의 본적지도 이곳으로 되어 있다.
그가 순국한 후 그의 가족들은 함평읍 내교리로 이사해
살았다. 함평은 그가 의병 활동을 한 주무대이기도 했다.

2022년 7월 함평공원에 그를 기리는 '죽봉 김태원 의사
충혼비'가 다시 세워졌다. 함평 군민들은 한국전쟁이
한창이던 1951년 그의 숭고한 애국정신을 기리기 위해
충혼비를 세웠다. 그러나 이때 세워진 충혼비 비석의
기단 모양이 일본 양식의 영향을 받은 것 같다는 의견과
비문의 내용에도 오류가 있어 다시 세워야 한다는 의견이
끊임없이 제기돼 이번에 다시 세운 것이다. 그를 제대로
기억하려는 함평의 노력이기도 하다.

 김태원은 1906년 역시 일본군에 의해 '6대 거괴'로
불렸던 동생 김율 金聿 과 의병을 일으켜 함평·고창·영광
등지에서 활약했다. 이듬해 장성의 기삼연 奇參衍 이 이끄는
의병연합부대인 호남창의회맹소 湖南倡義會盟所 에
가담해 선봉장이 되어 나주·함평 등지에서 활약했다.
1908년 1월 동생 김율의 부대와 함께 동복 同福
무동산 舞童山 에서 요시다 吉田勝三郎 기병부대 150명과 접전,
요시다의 목을 베었다. 이때 담양 추월산성 秋月山城 에서
총상을 치료받던 기삼연이 붙잡혀 광주에서

2022년 7월 함평공원에 세워진 죽봉 김태원 의사 충혼비.

광주 농성역 부근에 있는 죽봉 동상과 죽봉대로 표지판.

총살당했다는 소식을 듣고 자신의 의병부대를 창설했다. 나산면 출신 정인면 鄭仁勉, 해보면 출신 조덕관 趙德寬 등이 함께했다.

동생 율은 문필이 뛰어나고 지식이 풍부해 박사라 불렸다. 그래서 그의 부대는 '박사 의진 義陣'이라 불리며 함평, 영광 등지에서 주로 활약했다. 그의 부대는 때로는 독립적으로, 때로는 형의 부대와 연합해 활동했다.

형제 의병은 일본 군경과의 40여 회 전투에서 승리를 거두었다. 일본군이 두 형제 의병장을 잡기 위해서 광주 지역 수비대와 헌병부대 등 총 8개 부대를 규합해 '제2 특설순사대'를 편성할 정도로 형제 의병장들의 활약이 컸다.

김태원은 1908년 4월 25일 광주 어등산 전투에서 순국했다. 동생 율은 그보다 한 달 전인 3월 30일 광산군 송정읍에서 전투 중 체포되었다. 4월 25일 일본군에게 사살당한 형 김태원의 시신을 확인, 수습하기 위해 탈출을 기도하다가 사살되었다. 형제가 같은 날 순국한 것이다. 대한민국 정부는 형제 의병장에게 건국훈장 독립장을 추서했다.

광주에는 김태원의 호를 딴 '죽봉대로'가 있다. 서구 농성동 농성교차로에서 북구 운암동 동운고가로

이어지는 왕복 8차도로 약 2km 구간이 바로 '죽봉대로'다.
죽봉대로가 시작되는 농성교차로 농성공원에는 그의
동상이 있다. 지하철 농성역 1번 출구로 나오면 바로 그를
만날 수 있다. 이렇게 그는 호남의 대표적인 의병장으로
기억되고 있다.

호남 마지막 의병장, 남일 심수택(南一 沈守澤)

1908년 초반기의 호남 의병을 함평 출신 김태원과
김율 형제가 이끌었다면 1908년 후반기부터는 역시
함평 출신 의병장 남일 심수택이 이끌었다.
월야면 정산리 새터^{신기 新基} 태생인 심남일은 어려서부터
한학을 배우며 성장했고 서당 훈장과 향교의 교임을
역임한 향반^{鄕班}이었다.

1907년 11월 신광면 원산리 덕동에서 의병을 일으켜
김율 의병장 부대의 부장이 되어 본격적인 의병투쟁을
벌였다. 그는 함평 영광 장성 지역뿐만 아니라
보성, 영암, 장흥 등지에서 적과의 교전을 벌여 많은
전공을 세웠다. 김율이 순국하자 의병장이 되어
활동했다. 심남일 의병부대는 1908년 3월 강진 오치동

남일 심수택 의병장.
ⓒ 독립기념관

일본의 남한폭도 대토벌작전에 끝까지 항전하다 체포된 호남의 의병들.
앞줄 왼쪽부터 송병운, 오성술, 이강산, 모천년, 강무경, 이영준과
뒷줄 왼쪽부터 황장일, 김원국, 양진녀, 심남일, 조규문, 안계홍, 김병철, 강사문,
나성화.

전투를 시작으로 능주 노구두, 함평 석문산, 능주 석정, 남평 거성동, 보성 천동, 1909년 7월의 장흥 봉무동 등지에서 13차례의 전투를 벌였다. 일본 군경 400여 명을 처단했다. 3년 동안 수많은 전투에서 그의 부대는 패배를 몰랐다. 그는 수시로 인근의 전해산, 안계홍 등의 의병부대와 연합작전을 펴 일본 군경을 격퇴했다. 그의 이야기가 사람들에게 퍼지면서 이런 노래가 불렸다고 한다.

南一乘龍馬	남일이 용마를 타고
而聳出於山外	산 밖으로 솟아오르면
鉉秀風雲造化	현수는 풍운 조화를 부려
飛上空中	공중으로 날아오른다.

현수는 심남일 의병부대의 선봉장 강무경 姜務景 이다. 강무경은 전라북도 무주 출신으로 서당 등에 붓, 먹을 파는 필묵상 筆墨商 을 하다가 심남일의 권유로 의병이 되어 심남일 부대의 선봉장을 맡았다.

그의 부대는 규율이 엄했다. 그는 부대원들에게 민가의 재물을 약탈하고 부녀자를 겁간하거나 가축을 희생시키는 일 등을 엄히 처단할 것을 공포했다. 특히 일반 주민들에게 민폐를 끼치지 않으려 했다. 이는 그의 부대가 전투에서 승리할 수 있는 원동력이기도 했다.

심남일 의병부대는 1908-1909년 사이 전남 중남부 지역에서 맹위를 떨쳤다. 일제는 심남일 의병장 등 남도 지역 의병장들을 체포하기 위해 전력을 다했다. 일제의 '남한 폭도 대토벌작전'이 거세어지는데 실권 없는 임금인 순종은 의병을 해산하라는 칙령 勅令 을 내린다. 이에 호남지역 의병장들은 잠시 의병부대를 해산하고 몸을 피하기로 했다.

  심남일은 강무경과 함께 능주의 풍치 산속에 피신해 있다가 일본 토벌대에 체포된다. 1909년 10월 9일 심남일을 체포하자 일제는 다음 날인 10월 10일에 '남한폭도 대토벌작전'을 종결지었다. 그만큼 심남일 의병장의 활약이 대단했던 것이다. 그래서 그를 호남의 마지막 의병장이라고 부른다. 그는 의병을 일으키면서 스스로를 '전남 제일의 의병장'이라는 의미로 스스로를 '남일 南一 '이라 불렀다. 광주에서 대구 감옥으로 이감된 심남일은 다음 해인 1910년 10월 처형당했다. 1962년 정부는 그에게 건국훈장 독립장을 추서했다.

역사를 기억하려는 함평

월야면 예덕리에는 '남일 심수택 의병장 기념관'이 있다. 2008년에 개관한 이 기념관은 남일의 손자가 부지를 기증하고 도비와 군비로 건축했다. 기념관의 남일문에 들어서면 사당인 위충사가 있다. 사당에는 그의 근영近影이 모셔져 있다. 그가 남긴 우국시憂國詩와 의병 투쟁 기록, 그에 관한 각종 기록이 함께 전시되어 있다.

마당에는 기념관 개관 2년 후에 세워진 그의 동상이 있다. 태극 모양의 기단 앞뒷면에는 그의 기개를 알 수 있는 어록과 시가 새겨져 있다. 앞면에는 "나를 따라서 조국과 겨레를 지키라"라는 그가 남긴 말이, 뒷면에는 의병에 나서면서 지었다는 〈의기결행시義氣決行詩〉가 새겨져 있다.

林下書生振鐵衣	초야의 서생이 갑옷을 떨쳐입고
乘風南渡馬如飛	바람타고 남도하니 말도 빨리 달리도다
蠻夷若未掃平盡	왜놈들을 모두 쓸어버리지 못하면
一死沙場誓不歸	모래밭에 죽어서 돌아오지 않으리.

함평은 그를 기억하려 한다. 매년 10월 4일 그의

남일 심수택 의병장 기념관(월야면 가차길 61-1)과 경내에 있는 심수택 동상.

신광면 원산리에 있는 남일공원(왼쪽).
광주시 광주공원에 있는 남일심공순절비(오른쪽).

기일 즈음에 기념관에서는 월야면 번영회 주최로
'남일 심수택 의병장 추모식'이 열린다. 추모식에는 이곳
월야중학교 학생들이 프로그램을 준비해 함께한다.
그가 처음 기병했다는 신광면 원산리 덕동마을 앞산에는
'남일공원'을 조성했다. 함평학다리고등학교 교문
부근인 함평읍 내교리 96에서 작국제를 넘어 진양리
양림 삼거리에 이르는 옛 국도 약 4km를 '남일길'이라고
명명했다. 모두 그를 기억하기 위한 함평의 노력이다.

광주공원에는 심남일을 기리는 '의병장
남일심공순절비'가 있다. 이 순절비가 광주에 세워진
사연이 대단하다. 1962년 정부는 심남일에게
건국훈장 독립장을 수여했다. 유족인 손자며느리는
정부에서 받은 연금을 한 푼도 쓰지 않고 광주향교로
가져왔다. 이에 감동한 향교 유림들이 돈을 보태
순절비를 세우는 데 앞장섰다. 1972년 '순절비 건립
추진위원회'가 결성되고 비가 세워졌다. 비문은
〈가고파〉로 유명한 이은상 李殷相 이 썼다. 순절비는
심 의병장의 고향인 함평을 향하고 있다.

더 거세게 일어난

함평의

3·1운동 1주년 만세운동

나라를 잃은 지 9년 만에 일어난 3·1운동은 거대한 불길이 되어 전국으로 번져나갔다. 조선 민중은 강압적으로 조선을 식민지로 만든 일제의 무단통치 압제가 부당함을 온몸으로 외쳤다. 지식인, 학생, 상인, 농민, 노동자 가릴 것 없이 봉기대열에 나섰다. 전 세계를 놀라게 한 만세운동이 전국 각지에서 일어났다.

만세운동은 몇 단계를 거쳐 전국으로 확산되었다. 첫 번째 단계는 서울의 민족 대표들의 지시로 종교계 인사와 학생들이 독립선언서를 숨겨 지방으로 전달하고 3월 1일을 기해 시위를 하도록 했다. 두 번째 단계는 고종의 장례식에 참여했던 지방 유생들에 의해 서울의 만세운동 소식과 독립선언서가 전달되면서 지역마다 자발적으로 시위가 일어났다. 세 번째는 도시의 학교가 동맹휴학을 하거나 폐교되자 학생들이 자기 고향으로 내려가 시위를 주도했다.

함평의 3·1운동은 두 번째 단계이다. 고종의 장례식에 갔다가 탑골공원의 만세 시위운동에 참여한 후 귀향한 이인행 李仁行, 정기연 鄭琪衍 등이 주도했다. 그들은 조사현 曺士鉉, 김용언 등 청년, 학생 등과 함께 4월 26일 봉기하기로 했다. 그러나 군내 명망이 높은 인사들과 학생들에게 전단을 돌리던 학생들이 붙잡힘으로써 봉기 계획이 발각되어 읍내에서의 만세운동 시위는 좌절되고 말았다.

한편 월야면 월계리 석계마을 낙영재樂英齋에서는
김기택金箕澤, 정용섭鄭龍燮, 정재남鄭在南 등의 청년들이
이인행 등과 함께 만세운동을 준비하고 있었다.
군중들에게 나누어 줄 태극기, 격문 등을 이곳에서
만들었다. 그들은 4월 8일, 문장 장날을 기해 만세를
부르며 시위를 벌였다. 수백 명의 군중이 이들을
뒤따르며 호응하고 나섰다. 장터가 태극기를 든 군중의
만세 소리로 진동했다.

일본 헌병과 경찰들이 총검으로 시위대를
해산시키려 밀어붙였다. 피바다를 이룬 만세운동은
어두워질 때까지 계속되었지만 일제의 총검 앞에
해산할 수밖에 없었다. 시위를 주도했던 사람들은 모진
고초를 겪어야 했다.

거군적으로 일어난 3·1운동 1주년 만세운동

1920년 3·1운동 1주년이 되자 전국적으로 만세운동이
다시 일어났다. 함평에서는 어느 지역보다도 활발하게
1주년 만세운동이 일어났다. 지난해 4월에 읍내에서

일으키고자 했던 만세운동이 좌절된 것에 대한 아쉬움
때문이었다. 조사현, 송대호 宋大浩, 정기연 등 젊은이들은
3·1운동의 1주년을 그냥 보낼 수가 없었다. 그들은
3월 26일 함평공립보통학교 졸업식 날을 거사일로
정하고 준비했다. 지난해처럼 사전에 발각되지 않도록
치밀하게 준비했다.

거사 당일 졸업식을 끝낸 학생들을 필두로 청년
군민 수백 명이 장터에서 태극기를 들고 만세를 불렀다.
시위대가 시가지를 돌자 더 많은 군민들이 시위대에
합류했다. 밤에는 기산에서 횃불이 타오르며 만세 소리가
울려 퍼졌다. 이 만세 소리는 다시 이 산 저 산으로 번져
산에서, 들에서 그리고 마을에서 울려 퍼졌다.
4월 1일에는 학교면 학다리 정거장 앞 광장에서, 2일부터
5일 사이에는 나산면, 손불면, 엄다면 등 군내
여러 곳에서 산상 봉화와 함께 만세운동이 일어났다.
다른 곳에서 찾아보기 힘든 만세운동이었다.

함평이 기억하는 3·1운동

함평은 두 곳에 3·1운동 사적지를 조성하고 3·1운동을
기리고 있다. 하나는 월야면 월계리 석계마을 입구에

있는 '낙영재 樂英齋'이고 또 하나는 해보면 문장리에 있는
'3·1만세탑 광장'이다.

낙영재는 함평 4·8만세운동의 발상지다. 마루
위에는 '애국지사 24인'의 이름이 적혀 있다. 함평의
4·8만세운동을 준비하고 이끌었던 이른바 주동자들이다.
낙영재는 원래 한문 서당이었는데 그곳에서 글을 배우던
청년들이 만세운동에 앞장섰다.

1943년 큰 태풍으로 낙영재는 심하게 파손되었다.
주민들이 스스로 복원하고자 했으나 일본 경찰은 이곳을
불온한 곳이라 여겨 복원을 방해했다. 2005년 4월에
함평군이 복원했다. 그 옆에는 이때 세워진 '3·1만세
기념탑'이 있다. 1989년 4월 8일에 세운 '4·8독립만세운동
발상지' 기념비도 함께 있다.

'3·1만세탑 광장'은 1919년 4월 8일 문장 장터에서 일어난
함평의 3·1운동을 기리기 위해 조성되었다. 원래는
1989년 3월 1일 이곳에 만세탑을 건립했으나 시설이
노후해 2008년 2월 28일 지금의 탑을 다시 세우고
만세공원을 조성했다.

이곳에서는 매년 4월 8일 '4·8만세운동' 추모식 및
재연 행사가 열린다. 특히 눈길을 끄는 것은 400여 명의
초·중·고 학생들이 두루마기에 갓을 쓰는 등 분장을

낙영재와 그 앞에 자리한
3·1만세 기념탑.
낙영재 마루 위에는
만세운동의 부조(浮彫)와
함께 함평의 3·1운동을
주도했던 24인의 애국지사
명단도 걸려 있다.

해보면 문장리에 조성된
'3·1만세탑 광장'.

매년 4월 8일 열리는
'4·8만세운동' 재연 행사.

하고 벌이는 재연 행사다. 해보면 청년회가 주관하는 이 행사는 '대한독립만세'를 외치며 일본 헌병 분소를 공격하는 등 1919년 4월 8일 그날의 만세운동을 생생하게 재연한다. 행사에 참여한 학생들은 훗날 고향을 생각할 때 가장 먼저 떠오르는 기억으로 3·1운동을 꼽는다. 함평은 이렇게 3·1운동을 기억하고 있다.

함평에는

상해
임시정부 청사가
있다

함평은 신광면 함정리에 '대한민국 상해 임시정부 청사'를 재현했다. 이곳에서 태어나 상해임시정부 수립에 핵심 역할을 한 독립운동가 일강 김철 一江 金澈, 1886-1934 선생을 기리는 기념관을 세우면서 임시정부 청사를 함께 조성한 것이다. 이렇듯 함평은 더 넓게 더 깊게 역사를 기억하려 한다.

독립을 갈구하는 3·1운동의 뜨거운 열기는 우리 민족의 독립운동을 한 차원 높이는 계기가 되었다. 독립운동가들 사이에서는 임시적인 형태로라도 근대적인 정부를 세워야 한다는 인식이 확산되었다. 독립 후의 국가를 미리 준비해 독립운동을 효과적으로 조직하기 위함이었다. 1919년 3월부터 4월 사이에 국내외에 다섯 개의 임시정부가 수립되었다.

다섯 개의 정부 중 상해의 임시정부를 중심으로 9월 11일 헌법을 만들고, 11월 9일 내각과 의정원을 구성해 '대한민국 임시정부'가 수립되었다. 임시정부는 최초로 민주주의 방식의 공화주의를 채택한 공식 망명정부가 되었다. 나라 이름은 '대한민국'으로 했다. '대한제국'에서 '대한'을 따왔으나 '제국'이 아닌 '민국民國'으로 하여 대한민국이 '민주공화국'임을 대내외에 밝혔다.

"유구한 역사와 전통에 빛나는 우리 대한국민은
3·1운동으로 건립된 대한민국 임시정부의 법통과 불의에
항거한 4·19민주이념을 계승하고"

우리의 헌법 전문은 이렇게 시작한다. 지금의
대한민국이 1919년 3·1운동으로 건립된 대한민국
임시정부로부터 시작되었음을 천명하고 있다.

함평이 재현한 상해 임시정부 청사는 1926년 4월부터
1932년까지 임시정부가 사용한 청사다. 붉은 벽돌로 지은
3층 집의 형태, 회의실과 빛바랜 태극기, 김구 선생 등
임시정부 요원 집무실과 이봉창·윤봉길 등 애국지사들이
썼던 임시 숙소, 책상 크기며 계단 폭까지 실제 청사와
정말 비슷하다. 삐걱거리는 나무 계단과 창문 등도
그대로 복원했고 전구, 숟가락, 재떨이 등도 중국 고건축
업체로부터 수집해서 재현해 놓았다.

함평이 이곳에 임시정부 청사를 재현한 것은
전 재산을 처분해 청사를 마련하는 데 기여하고 임시정부
수립과 운영에 주도적인 역할을 한 독립운동가 일강
김철一江 金澈을 기리기 위해서다. 그의 삶과 그가 몸 바쳐
살았던 당시의 역사를 더 깊고 넓게 기억하기 위해서
기념관과 함께 임시정부 청사를 재현한 것이다.

일강 김철 기념관. 동상 뒤가 상해 임시정부 청사이고, 가운데는 기념관, 오른쪽은 사당이다.

3·1운동 전후에 수립된 임시정부	
	대한국민의회(大韓國民議會), 2월 25일 / 블라디보스토크 / 대통령 손병희, 국무총리 이승만
	조선민국임시정부(朝鮮民國臨時政府), 4월 9일 / 서울 / 정도령(正道令) 손병희, 부도령 이승만
	대한민국임시정부(大韓民國臨時政府), 4월 10일 / 상해 / 의정원의장 이동녕, 국무총리 이승만
	신한민국정부(新韓民國政府), 4월 17일 / 의주 / 집정관 이동휘, 국방총리 이승만
	한성정부(漢城政府), 4월 23일 / 서울 / 집정관 이승만, 국무총리 이동휘

일강 김철과 대한민국 임시정부

김철은 1886년 신광면 함정리 구봉부락에서 태어났다. 1908년 영광에 있는 광흥중학교에서 중학 과정을 이수하고, 1912년 서울에서 경성법률전수학교를 졸업한 뒤 1915년 일본으로 건너가 메이지대학 明治大學 법학부를 마치고 귀국했다. 고향에 와서 제일 처음 한 일은 형제들과 상의해 노속들에게 토지 일부를 떼어 주고 집으로 돌려보내는 것이었다.

조국의 독립을 위해 일할 것을 결심하고 1917년 상해로 간 그는 1918년 여운형 呂運亨, 장덕수 張德秀 등과 함께 신한청년단 新韓靑年黨 을 조직해 독립운동의 첫 사업을 벌였다. 다음 해에는 김구 金九, 이광수 李光秀 등이 신한청년당에 함께했다. 신한청년당의 활동은 일본에서는 유학생들의 2·8선언을, 한국에서는 전국 방방곡곡에서 3·1만세운동을 일으키는 진원이 되었다. 이 단체의 구성원들이 대한민국 임시정부의 주축을 이루었다.

1919년 4월 11일 임시정부 수립이 공식 선언된 후인 4월 19일 제1회 임시의정원회의 臨時議政院會議 에서 전라도 몫의 의정원 의원에 당선되었고 의정원의 재무위원 겸 법무위원이 되었다. 8월에는 교통차장에 임명되어

상해 임시정부 시절의
일강 김철(一江 金澈).

대한민국 임시정부 국무원 기념사진(대한민국 원년 10월 11일).
앞줄 왼쪽부터 신익희, 안창호, 현순이 앉아 있고, 뒷줄 왼쪽부터 김철, 윤현진,
최창식, 이춘숙 등이 서 있다.

임시정부 행정실무를 맡았다. 후에는 임시정부 내각에서 회계감사원장, 재무장, 국무원 비서장 등을 역임하면서 임시정부와 고락을 같이했다.

1932년 4월 29일, 윤봉길 의사가 상하이 홍커우 紅口 공원에서 거사를 일으켰다. 그날 일본군은 이 공원에서 일왕의 생일과 중국과의 전쟁에서 승리한 것을 기념하는 자리를 마련했다. 식이 한창 진행 중일 때 식장으로 다가간 윤봉길은 몰래 가지고 간 수류탄을 던졌다. 식장은 아수라장이 됐다. 일본 상하이 파견군 대장과 일본인 거류민단장이 즉사했고 식단에 있던 다수의 군 수뇌부가 중상을 입었다. 현장에서 체포된 그는 그해 12월 19일 총살형을 받고 순국했다. 이 의거는 중국 등 세계에 알려졌고, "중국 100만 대군도 하지 못한 일을 조선의 한 청년이 해냈다"라는 말이 나올 정도로 중국인들에게 임시정부의 위상을 높였다.

윤봉길 의사의 의거 배후로 김철이 김구 등과 함께 지목되었다. 일본 경찰의 체포령이 내려졌다. 5월 10일 김철은 김구와 함께 중국 중부 지역인 항저우로 피신했다. 이때부터 5년 동안의 '항저우 임시정부 시대'가 시작되었다. 여기서도 청사를 마련하는 데 그가 가장 큰 역할을 했다.

그는 1934년에 임시정부 국무위원으로 선임되어
재무장財務長을 맡았고 국무원 비서장에 임명되기도 했다.
임시정부 국무위원과 의정원 의원으로서 독립운동에
혼신을 바쳤던 그는 건강 악화로 1934년
6월 29일 항저우의 한 병원에서 숨을 거두었다.
그의 나이 48세였다. 임시정부는 그를 기리기 위해
'임시정부장臨時政府葬'으로 장례식을 치렀다. 그는 그곳의
한 공동묘지에 초라하게 묻혔다.

단심송(丹心松)의 슬픈 사연

함평은 그를 기억하기 위해 신광면 함정리 구봉마을
그의 생가터에 '김철 기념관'을 지었다. 사당과 수양관,
기념관 등을 갖추고 있다. 사당인 구봉사九峯祠에는
위패 대신 그의 영정이 모셔져 있다. 기념관에는 그의
생전 사진, 유물 등과 함께 독립운동 당시의 각종 자료가
전시되어 있어 그의 생애를 잘 보여준다.

이곳에는 독립운동 자료에는 빠짐없이 나오는 낯익은
사진이 하나 있다. '대한민국 임시정부 국무원'이란
제목을 달고 대한민국 원년1919 10월 11일자라고 새겨진

사진으로, 안창호 선생 등과 함께 찍은 것이다. 1919년
10월이면 김철이 초대 교통차장이었던 시절이다.

상해임시정부 청사에는 김구 주석의 집무실, 임시정부
집무실, 의정원 회의실 등의 모습이 그대로 재현되었다.
재현 공간과 함께 윤봉길 의사가 그랬던 것처럼
태극기 앞에 선서를 하고 기념 촬영을 했던 임시정부
요인들을 기억하며 체험하는 포토 존도 있다.
독립운동가들에게 일제가 자행한 고문 등에 사용한
도구들을 전시한 공간도 있다. 뿐만 아니라 임시정부의
수립과 활동 그리고 환국에 이르기까지를 영상으로
볼 수 있다.

임시정부 청사 뒤에는 두 부인 김해 김씨, 수성 최씨 과 함께
묻힌 김철의 묘가 있다. 물론 그의 묘는 시신 대신 항저우
공동묘지에서 파온 흙 한 줌이 전부다. 그가 묻혔던
항저우 공동묘지는 아파트 단지로 변해 묘소의 위치마저
확인할 수 없었다. 후손들은 그곳의 흙을 가져와
합토 合土 했다. 혼을 가져온 것이다.

    묘 곁에는 슬픈 사연을 간직한 소나무가 한 그루
있다. '단심송 丹心松'이라 불리는 소나무다. 첫째 부인 김해
김씨가 목을 매고 숨진 나무다. 1917년 중국 상하이로

임시정부 청사 안에 마련된
포토 존.

김씨 부인이 목을 맨 단심송과
김철 부부의 합장묘.

망명한 김철은 "나는 조국 독립을 위해 기꺼이 이 한 몸 조국에 바쳤으니 더 이상 찾지도 기대하지도 말고, 부인께서는 앞날을 알아서 처신하시오"라는 편지를 보냈다. 당시 부인에 대한 일제의 감시가 심해지자, 부인 김씨는 "부군께서 가족 걱정 없이 오로지 독립운동에 전념토록 하기 위해서는 죽는 길밖에 없다"라고 결심, 이곳 소나무에 목을 매었다. 독립운동가의 가족이 감당해야 하는 아픈 역사를 이 소나무가 전해주고 있다.

한국
농민운동의

새 장을 연

함평
고구마 피해보상투쟁

사람들은 '함평' 하면 '나비'를 떠올린다. 그러나 나비축제가 열리기 전에는 '함평' 하면 '고구마'를 떠올린 사람이 많았다. 그들에게 함평은 우리나라 농민운동사의 새 장을 연 '고구마 피해보상투쟁'을 성공적으로 이끈 곳이었다. 암울한 유신시대를 버티며 이 땅의 민주화를 바라던 그들은 함평에서 희망을 보았다고 했다. 해방 이후 관을 상대로 승리한 최초의 농민운동이 함평에서 일어난 것이다.

고구마를 심으세요

1976년, 함평의 고구마 생산 농가들은 기대에 부풀어 있었다. 함평군 농협이 고구마를 전년보다 17.4% 인상된 가격으로, 그것도 생고구마로 수매하겠다고 했다. 원래 고구마는 소주의 원료인 주정 酒精 재료용으로 수매되었다. 농민들은 수확한 고구마를 썰어서 말린 절간고구마로 만들어야 팔 수 있었다. 절간고구마를 만드는 데는 많은 노동력이 필요했다. 더군다나 이 일을 해야 하는 시기가 가을 수확기와 겹쳐서 농민들은 힘들어 했다. 그런데 생고구마를 그대로 수매한다니 농민들에게는 수고도 덜고 값도 잘 받을 수 있는 더없이 반가운 소식이었다.

 농협은 이런 내용을 적극 홍보했다. 전단을 각 농가에 배포했고 마을 방송을 통해 알렸다. 이장 회의와 반상회를 통해서도 이를 홍보했다. 농협 전남도지부장은 광주KBS에 출연해 이를 약속하기도 했다. 군 농협은 고구마를 담을 규격포대까지 만들어 농가에 배포했다.

당시 함평은 해남, 무안과 함께 고구마의 주 생산지였다. 함평에는 1960년대 초에 고구마로 술의 원료를 만드는 주정酒精 공장이 들어섰다. 함평에서는 가장 큰 공장이었다. 생산된 고구마의 일부는 농협에, 나머지는 상인들에게 팔았다. 물론 잘라서 말린 절간고구마였다.

 농협의 제안을 환영한 7,000여 농가들은 고구마 농사를 열심히 지었고, 그해 말 고구마 수확량은 전년 대비 25% 증가했다. 고구마가 수확되었다는 소식에 상인들이 포대당 1,100-1,200원을 제시하며 고구마를 팔라고 했지만, 농민들은 농협과의 약속을 믿으며 팔지 않았다. 농민들은 농협에서 배포한 농협 수매 전용포대에 고구마를 담아 도로변에 쌓아 놓았다. 농협에서 트럭으로 실어가기 편하도록 한 것이다.

절간고구마를 만들기 위해
고구마를 써는 모습과 말린 절간고구마.

길거리에 쌓아둔
고구마 포대.

그러나 농협은 수확량의 40% 정도만 구매하곤 더 이상 사지 않았다. 날이 추워지자 고구마들이 썩기 시작했다. 판매 시기를 놓친 농민들은 몇 푼이라도 건지기 위해 헐값에 팔아야 했다. 포대당 200-400원에, 그것도 애걸하다시피 팔아야 했다. 손해를 메우기에는 어림도 없었다. 당시 농민들의 피해액은 시가 1억 4,000만 원 정도로 추산되었다.

농민들은 참으로 억울했지만 힘이 없었다. 피해를 당한 농민들이 산발적으로 수매와 피해보상을 요구했으나 농협은 반응이 없었다. 늘 그랬던 것처럼 농민들이 그저 손해를 안고 갈 것이라고 여겼을 것이다.

애써 지은 농작물이 썩어가는 것을 지켜봐야 했던 농민들의 마음도 썩어들어갔다. 한 농부는 "고구마가 썩으면서 그것을 담은 포대가 허물어져 내려앉을 때마다 애간장이 같이 녹아내리는 것 같았다"라고 했다. 당시는 먹을 것이 턱없이 부족해 '식량 증산'이 최대 농정 목표였던 시절이었는데 먹을 것이 길에서 썩어가고 있었던 것이다. 이를 보면서 농민들은 경악했다. 그리고 분노했다.

농민들, 보상투쟁에 나서다

농민들과 농민운동가들은 보상을 위한 투쟁을
시작했다. 11월 23일 함평극장 앞 한 식당에서 서경원,
노금노, 임정택, 김한경, 임재상 등 20여 명이 모여
'고구마 피해보상 대책위원회'를 구성했다. 이들은
대부분 가톨릭농민회에 소속되어 있던 농민들과
사회운동가들이었다. 이 무렵은 함평의 농민운동 세력이
성장하고 있을 때였다. 가톨릭농민회 회원을 비롯해
크리스찬아카데미 교육 이수자, 4H회원 등이
80여 명에 이를 정도로 성장하고 있었다. 대책위는
가톨릭농민회 전남지부 총무이기도 한 서경원을 비롯한
가톨릭농민회 회원들이 중심이었다.

대책위는 먼저 농가의 피해를 조사하기로 했다.
각 농가별로 수매 계획량, 실 수매량, 부패량, 수매처,
수매 금액, 피해액 등을 서식을 만들어 조사했다.
 하지만 피해 조사도 쉽지 않았다. 1976년 당시는
우리 현대사의 어두운 시대인 유신체제하였다. 초헌법적
권한을 가진 대통령 박정희가 영구집권을 하도록
한 유신시대였다. 긴급조치緊急措置 시대이기도 했다.
유신체제를 지탱해준 긴급조치는 단순한 행정명령

하나만으로도 국민의 자유와 권리를 무한정으로 제한할 수 있었다. 유신철폐운동이 거세어지자 1974년 제1호가 선포된 이후 1975년 5월에는 9호가 선포되었다. 긴급조치 9호는 유신헌법을 부정하거나 반대하는 것을 금했다. 유신헌법의 개정이나 폐기를 주장하거나 청원하는 것도 금했다. 이를 보도하는 것도 금했다. 이를 위반한 자는 영장 없이 체포한다고 했다. 1979년 10·26까지 지속된 이 조치로 800여 명이 구속되었다.

시대 상황이 이러니 피해 조사가 쉬울 리 없었다. 농협은 경찰과 함께 긴급조치 9호를 들먹이며 농민들에게 농협과의 구매 사실에 아무 문제가 없으며 불만도 가지지 않는다는 내용의 확인서를 받으러 다녔다. 농협 직원과 경찰서 형사가 와서 강압적으로 확인서 작성을 요구하는 탓에 많은 농민이 두려움에 확인서를 써주었다.

그럼에도 대책위 위원들은 일일이 농가들을 찾아가 사정을 설명하고 조사에 응해 달라고 부탁했다. 한 달 동안 힘겹게 조사한 결과, 7,300여 세대의 고구마 생산 농가 중 160가구만 조사에 응했다. 조사 결과 160개 농가의 손해액이 총 309만 원이었다.

1977년 1월 9일 천주교 함평성당에서 가톨릭농민회가
조사한 결과를 가지고 대책위원회가 열렸고, 농협이
보상해야 한다는 결론이 나와 농협에 보상을 요청했다.
하지만 농협은 보상과 관련한 답변을 차일피일 미루기만
했고 경찰의 방해 공작은 계속됐다. 4월 22일에는
활동가들과 농민들이 광주 계림동 천주교회에 모여
기도회를 개최하고 보상을 위한 투쟁에 나서기로 했으나
경찰이 들어와 큰 충돌이 벌어졌다. 농민들은 전라남도
농협 건물에 다시 모였으나 또다시 경찰에 의해
강제로 해산되었다. 일이 이렇게 되자 가톨릭농민회가
전국의 천주교회와 단체들에게 연대를 요청하면서
함평 고구마는 전국민적 관심의 대상이 되었다.

함평 고구마, 전국적인 이슈가 되다

1978년이 되자 사건은 새로운 국면을 맞는다.
가톨릭농민회는 이 '함평 고구마 사건'을
전국대의원대회에 특별의제로 올리면서 전국적인 투쟁을
실시하겠다고 밝혔고, 전국대책위원회가 설립되었다.
전국대책위원회는 대규모 집회를 계획했다.
그리하여 4월 24일 광주 북동천주교회에 피해농민,

가톨릭농민 회원, 농민운동가, 사회운동가, 천주교 신자들을 포함한 700여 명의 인원이 모였다. 이들은 농민대회를 개최하고 "고구마 피해를 보상하라"고 외쳤다. 이들은 또한 거리시위를 하려고 했으나 경찰의 제지로 실패하자 모인 인원 중 73명이 무기한 단식농성에 들어갔다. 그러자 경찰은 성당의 문을 폐쇄하고 성당의 미사마저 금지시켰다. 하지만 이 사실을 안 신부들이 호소문을 발표하고 천주교 광주대교구와 농민회도 지지 의사를 밝혔다. 이와 함께 전국의 민주화운동가와 천주교 인사들이 농성장을 찾아와 농성자들을 격려했고, 처음 해보는 단식에 지쳐 쓰러진 농민들을 대신해 단식에 참여하기도 했다.

단식 5일째인 4월 29일이 되자, 쓰러지는 사람들이 속출했다. 하지만 농민들은 여전히 끝까지 투쟁하겠다는 결의를 버리지 않았다. 결국 정부가 항복했다. 농협 전남지부가 309만 원을 농민들에게 전달했고, 농민들은 1인당 19,300원을 받을 수 있었다. 20개월간의 투쟁이 드디어 결실을 맺은 것이다. 하지만 단식은 시위 중 연행된 2명의 회원이 석방될 때까지 계속되었고, 5월 2일 이들이 석방된 후에야 멈췄다.

1978년 4월 24일 광주 북천동천주교회에 모인 농성자들과
성당 외부를 포위하고 있는 경찰들.
ⓒ 민주화운동기념사업회

고구마 피해보상금 309만 원.
ⓒ 민주화운동기념사업회

한편, 이 사건 이후 감사원은 농협과 주정회사 등에 감사를 실시했는데, 이를 통해 농협과 주정회사가 결탁해 80억 원의 부당이득을 취한 사실이 드러났다. 이들은 고구마를 구매할 때는 농민들에게 헐값으로 샀지만 중간상인을 통해 비싸게 샀다고 장부를 조작해 80억 원이라는 폭리를 취한 것이다. 이 일에만 600여 명이 넘는 사람이 연루되었고 많은 이들이 옷을 벗어야 했다.

한국의 농민운동은 함평고구마사건으로부터 시작되었다고 해도 과언이 아니다. 한국전쟁 이후 1970년대까지 농민이 주체가 된 농민운동은 거의 없었다. 1960년 후반부터 대학생들이 농촌을 찾아 농민에게 배우고 체험하고자 한 '농활'이 감시나 탄압을 받으면서 계속되었을 뿐이다. 그러나 함평 농민들은 긴 투쟁을 통해 농협을 굴복시키고 고구마 피해에 대한 보상을 받아냈다. 우리 농민운동사에 전례가 없는 성과를 함평 농민들이 해낸 것이다.

군 단위 최고의 명문, 학다리고등학교

함평에는 학다리고등학교가 있었다. 군 소재지도 아닌 면 소재지에 자리한 학교였다. 그런데도 군 단위 고등학교로는 전국 최고의 명문으로 알려진 학교였다. 함평의 자랑이자 자부심이기도 했다. 함평 읍내도 아닌 학교면 시골에 있던 학교가 어떻게 전국 명문이 되었을까? 그 답은 우선 이 학교가 어떻게 설립되었는지를 보면 알 수 있다.

학다리고등학교의 역사는 학다리중학교 설립으로 거슬러 올라간다. 해방되던 해인 1945년 12월 5일, 함평 주민들에 의해 수업 연한 3년의 '학교 鶴橋 초급중학교'가 개교, 입학식을 치렀다. 학교면 사거리 457번지, 1,700여 평의 부지에 교실이 4개인 일본인 소학교 자리에서였다.

 시련도 많았다. 미군정 美軍政 은 학교 부지 반환을 요구했다. 일본인 소학교는 소학교로 사용해야 한다는 것이었다. 학교는 일본인 신사 부지에 가건물을 지어 옮겨갔다. 학생 수가 늘어나자 창고를 사들여 교실로 고쳐 사용하기도 했다. 운동장 없는 학교였다. 학생 수는 계속 늘었다.

 비용, 교육환경 등의 문제로 새로운 부지를 구하는 것도 어려웠다. 결국 지역 유지들이 나서서 상의하고 협력해 처음 출발했던 일본 소학교 자리로 다시 옮겨왔다. 낡은 건물을 부수고 단층, 2층을 합해 16개 교실을 새로 지었다. 개교 4년 만에 이루어진 일이다.

함평 군민들이 세운 민립사학

이 학교는 함평 주민 스스로가 세운 진정한 민립사학 民立私學 이었다. 1945년 8월 해방이 되자 함평의 선각자들과 애향 군민들은 함평에 중학교를 설립하기로 뜻을 모았다. 아니 해방 전부터 모색해온 일이었다. 그들은 자식들을 더 가르치고 싶어 하는 지역 주민들의 염원을 해결하고 이 지역 발전은 물론 국가의 인재를 양성하기 위해 중학교 설립 문제를 심도 있게 논의해왔다.

당시 함평에는 초등학교만 여럿 있을 뿐 중학교가 없었다. 읍내에는 함평중학교 전신인 농잠실수학교 農蠶實修學校 만 있었다. 중학교 진학을 위해서는 광주나 목포 등의 도시로 가야 했다. 아무리 교육열이 높은 학부모일지라도 가난한 농민들이 대부분인 이 지역 주민들은 자식들을 상급학교로 보낼 수가 없었다.

뜻을 함께하는 주민들이 형편에 따라 재산을 헌납해 중학교 설립을 추진하기로 했다. 그러자 뜻있는

1949년 교사 신축 당시의 모습(위).
1978년 체육관 완공 후의 학교 전경(아래).

독지가들과 주민들이 앞다투어 논과 밭을 제공하거나 곡식 등을 내놓았다. 초대 교장을 맡았던 학교면 오만식 선생은 전답 9만 평을 쾌척하기도 했다. 학다리중학교는 이렇듯 함평 주민들의 손에 의해 설립되었다.

1947년 8월 학교 이름을 '학교중학교 鶴橋中學校'에서 '학다리중학교'로 바꾸었다. '학교'중학교란 명칭이 혼란스럽기도 했지만 무엇보다 '학다리'라는 원래 지명이 지역 주민들에게 익숙했기 때문이다. 지금도 함평 사람들은 이곳을 행정상 공식 명칭인 '학교' 대신 '학다리'라 부른다. 원래 이곳 들판을 흐르는 영산강에는 밀물과 썰물 시 바닷물이 드나들던 갯벌이 있어서 바닷고기는 물론 조개류, 파충류 등 먹이가 풍부해 학들이 모여들었다. 어떤 때는 영산강 줄기에 놓여 있는 징검다리 위에 학들이 무리를 지어 앉아 있었다. 이 모습이 마치 학의 무리가 다리를 이루어 놓은 것 같다고 해서 '학다리'란 지명을 갖게 되었다. 이를 한자로 바꿔 붙인 것이 '학교 鶴橋'이다.

1951년에는 중·고등학교를 각각 3년제로 하는 정부의 학제 개편을 따라 학다리중학교와 학다리고등학교로 분리 운영되었다.

지금은 골프고등학교가 된 학다리중·고등학교.

학다리고등학교는 명문일 수밖에 없었다

필자의 아버지는 학다리중학교 1회 졸업생이다. 그동안 나는 아버지가 학다리중학교에 다닌 것이 궁금했다. 당시 손불에서 학다리로 학교를 보내는 것은 광주나 목포로 보내는 것과 다를 바 없었다. 그런데 형편도 넉넉지 못한 할아버지가 아들을 중학교에 보낸 까닭이 궁금했었다. 아버지는 세 살 때, 할아버지는 초등학교 입학 전에 돌아가셔서 그 까닭을 알 수 없었는데 학다리중학교 설립 과정을 알아보면서 그 답을 찾을 수 있었다. 가진 것은 없어도 지역의 유지이고 싶어 했던 할아버지는 아들을 학교에 보내는 것으로 '학다리중학교 설립'에 동참하려 했던 것으로 보인다.

  아버지의 학적부를 보니 1946년 1학년 학생 수는 129명이었다. 원래는 2학급 100명으로 출발하면서 과연 정원을 채울 수가 있을까 우려했는데 29명이 더 지원했다. 자식을 입학시키는 것이 곧 '중학교 설립'에 동참하는 것이라 생각했던 주민들이 많았던 것이다. 이렇듯 학다리중학교는 함평 주민의 염원과 동참에 의해 설립되었고 성장했다. 이러한 역사와 정신을 바탕으로 학다리고등학교는 사립학교에서 흔히 일어나던 세습 논쟁 등 사학 분규 없이 오랫동안 명문으로 남아 있을 수 있었다.

함평의 유일한 철도역인 함평역 역사 앞에는 2002년에 세워진 '학교면 면민의 탑'이 있다. '학교면민헌장'이 돌에 새겨져 있다. 학교면을 살기 좋은 고장으로 만들기 위해 면민들이 해야 할 일들을 다짐한 내용이다. 전국 어디에서나 어렵지 않게 볼 수 있는 면민헌장이다. 그런데도 필자가 이를 소개하는 것은 학교면민헌장의 첫 번째 다짐 때문이다.

다섯 개의 다짐 중 첫 번째 내용은 이렇다. "우리는 나라의 기둥이 될 창조적인 인재를 기르는 데 온 정성을 다한다." 다른 곳에서는 볼 수 없는 내용이다. 교육에 온 정성을 다하겠다는 면민들의 다짐은 곧 학교면의 자랑이자 자부심인 학다리고등학교에 대한 다짐이기도 하다. 이렇듯 학다리고등학교는 지역민들의 관심과 참여가 있어 오랫동안 명문 학교가 되었다. 헌장탑을 보다가 고개를 들면 지금은 함평골프고등학교지만 이 탑이 세워질 당시에는 학다리중·고등학교였던 교사가 한눈에 보인다.

이제 민립民立 학다리고등학교는 없어졌다. 2017년 3월에는 전라남도의 거점고등학교 사업에 따라

함평여고, 나산고와 통폐합되어 공립학교로
전환되었다. 부지도 함평 읍내로 옮겼고 학교 이름도
'함평학다리고등학교'로 바꾸었다. 학다리중학교는
공립중학교인 함평중학교에 통합되어 폐교되었다.

학다리고등학교 60여 년의 역사는 함평이 만든 역사다.
그래서 학다리고등학교는 함평의 자부심이었다.
과연 '함평학다리고등학교'가 '학다리고등학교'의 명성을
이어갈 수 있을까? 함평군민들에게 던져진 숙제다.

2017년 3월에 문을 연 공립 함평학다리고등학교.

함평,

나비축제로

또다시

역사를 쓰다

봄이 오면 꽃이 피고 나비가 날아든다. 우리나라 어디에서나 볼 수 있는 지극히 당연한 자연현상이다. 그런데 사람들은 나비 하면 함평을 떠올린다. 쉽게 나비를 볼 수 없는 요즘, 사람들은 나비를 보려면 함평에 가야 한다고 생각한다. 이렇듯 함평은 사람들의 봄과 나비에 대한 인식을 바꾸었다. 나비축제를 성공적인 축제로 만든 함평이 써내려간 또 하나의 역사다.

처음 나비축제를 한다는 얘기를 들었을 때, 황당하기도 했고 기발하다는 생각이 들기도 했다. 대개 축제는 그 지역의 역사, 자연 또는 특산물 등을 기반으로 하는데 꽃이 피면 날아드는 나비와 함평이 특별한 관계가 있는 것도 아니고 나비를 가지고 축제를 한다는 게 황당해 보이면서도 기발해 보이기도 했던 것이다.

　황당하면서도 기발하다는 것, 그것은 해내지 못하면 웃음거리지만 해내면 대박이 된다. 함평은 이 일을 해냈고 지금도 해내고 있다. 이제 나비축제는 함평의 자부심이고 나비는 함평의 브랜드다. 그래서 함평은 나비가 되고 나비는 함평이 되었다.

모두 함께 나비가 되어

「우리 모두 나비였어라」는 나비축제를 기획해 대성공으로 이끈 함평군 공무원들의 체험기다. 제목 그대로 함평군 공무원 모두 나비가 되어 축제를 성공시켰다. 사람들에게 '함평' 하면 나비, '나비' 하면 '함평'을 떠올리게 한 것이다. 체험기를 보면 축제의 처음부터 끝까지를 함평군 공무원들이 담당했음을 알 수 있다. 기획, 연출, 운영, 경관 조성 등 축제의 모든 분야를 기획사 참여 없이 공무원들이 직접 했다. 체험기는 나비축제를 성공시키기 위해 함평군 공무원들이 쏟아낸 땀방울과 노력을 생생하게 담고 있다. 자랑스러운 함평의 역사다. 이 체험기를 중심으로 함평이 제1회 나비축제를 어떻게 준비했는지를 살펴본다.

공무원들 대부분은 '나비축제'에 회의적이었다. 군민들 또한 마찬가지였다. 나비를 소재로 축제를 한다는 것도 너무 생소했지만 더욱 큰 이유는 함평이 무엇을 할 수 있겠냐는 패배감이 함평을 짓누르고 있었다. 당시 함평군의 재정자립도는 10% 초반대로 전국 최하위권이었다. 천연자원도, 관광자원도, 산업자원도 없는 3무 無 의 고장이었다. 10만 명이 넘었던 인구는

나비축제를 기획해 대성공으로 이끈 함평군 공무원들의 이야기를 담은 책 「우리 모두 나비였어라」.

줄고 또 줄어 4만여 명이었다. 무엇을 새롭게 시도해볼 엄두조차 낼 수 없었다.

1998년 7월 이석형 李錫炯 군수가 취임했다. 만 40세가 안 된 젊은 군수였다. 그에게는 전형적인 농촌지역인 함평이 앞으로 경쟁력을 가지려면 무엇을 해야 하는가를 결정해야 할 짐이 지워졌다. '친환경 농업'을 추진하기로 했다. 친환경 농산물을 생산해 이를 선호하는 도시 소비자에게 다가가 농가소득을 증대시키자는 것이었다. 친환경 농산물은 소비자가 그것을 인정해주어야 한다. 이를 위해 소비자들에게 함평의 친환경 농업 현장을 직접 확인시켜줄 계기가 필요했다.

   '나비'가 등장했다. 그리고 '나비축제'를 하기로 했다. '나비'는 오염되지 않은 친환경 생태 보존 지역을 떠오르게 한다. 이런 '나비'를 소재로 축제를 열어 함평이 청정 농촌 지역이라는 인식을 심어 주고, 도시민이 직접 함평의 친환경 농업 현장을 찾아와 확인할 수 있도록 하자는 것이었다. 이렇게 함으로써 함평 농산물의 부가가치를 높이고 관광 소득도 얻자는 전략이었다.

   그해 11월 말, 다음 해인 1999년 5월 5일부터 나비축제를 하기로 결정했다. 축제장은 함평교 아래 대경보 주변의 함평천 천변으로 정했다. 함평으로서는 모험이자 도전이었다.

웬 나비축제? 그러나 성공했다

나비축제의 핵심은 꽃과 나비다. 꽃은 어느 축제에서나
중요하지만 나비축제에서는 절대적이다. 꽃과 나비가
어울릴 수 있는 꽃밭이 있어야 한다. 그 꽃밭이
얼마나 아름답냐가 축제의 성공을 좌우한다. 그러나
군 재정 여건도 어려웠고 축제에 회의적인 군민들의
무관심 때문에 꽃밭 조성도 쉽지 않았다. 그래서 농작물인
유채와 후에 거름으로 쓰는 녹비綠肥 작물인 자운영을
활용하기로 했다. 축제장인 함평천 천변 10만 평에는
유채를 심었다. 함평교 아래부터 대경보를 지나
세월교까지의 버려진 땅에 잡목을 제거하고 유채밭을
조성한 것이다. 제방 넘어 양쪽 들판 24만 평에는
자운영을 심었다. 이 들판은 대부분 벼 재배만 하는
농지여서 수확이 끝나면 다음 해 봄까지 노는 땅이었다.
공무원들은 일일이 경작자를 찾아 자운영을 심으라고
권했다. 자운영은 꽃이 지고 난 후 갈아엎으면 비료가
되는 작물이다. 농가 스스로 파종하지 않은 곳은
공무원들이 파종을 했다. 축제 기간 동안 함평 들녘을

유채의 노란색과 자운영의 보라색으로 가득하게 할 참이었다.

축제장 중심 무대 인근에 비닐하우스로 약 200평 규모의 나비생태관을 만들었다. 각종 꽃과 풀을 심어 두고 날아다니는 나비는 물론 알과 애벌레, 성충 등을 직접 살펴보게 했다. 규모는 크지 않지만 나비의 모든 것을 볼 수 있게 함으로써 관람객들에게는 어디에서도 느껴보지 못한 새로운 경험을 함평에서 하도록 하자고 했다.

축제장 주변에서 고개를 들면 제일 쉽게 눈에 띄는 것이 수산봉이었다. 5년 전 산불로 민둥산이 돼버린 수산봉에 철쭉 10만 그루를 심어 철쭉동산을 만들기로 했다. 이왕이면 나비 문양을 이루도록 심으면 좋겠다는 의견이 나왔고 마침내 세계에서 제일 큰 나비라 할 수 있는 너비 52m, 높이 36m의 '철쭉 나비'가 탄생했다. 볼거리와 즐길 거리를 위한 크고 작은 시설들도 들어섰다.

1999년 5월 5일, 첫 나비축제의 막이 올랐다. '나비'라는 그 누구도 생각하지 못한 것을 소재로 한 축제. 황당하기도 하고 기발하기도 한 이 축제가 과연 성공할 것인가. 성공하면 대박이지만 그렇지 못하면 웃음거리가 될 축제였다.

1999년 5월 열린 제1회 나비축제 현장(위, 아래).

제1회 나비축제 현장 주변의 들판과
수산봉의 나비동산.

사람들이 많이 와야 하는데…. 모두 함께 나비가 되어 축제를 준비한 공무원들은 초조했다. 오전 9시가 되자 하나둘씩 관람객들이 모여들었다. 10시쯤에는 나비생태관 앞에 천여 명의 인파가 모여들었다. 나비생태관은 몰려든 인파로 예정되었던 테이프 커팅도 생략한 채 문을 열어야 했다. 11시가 되자 축제장으로 진입하는 도로들이 조금씩 막히기 시작했다. 축제장에 밀려든 사람들이 줄을 지어 움직이기 시작했다.

공무원들의 체험기「우리 모두 나비였어라」에는 여러 곳에 이 날의 모습이 그려져 있다.

"함평으로 들어오는 모든 길이 막혔다. 행사장 주변 주유소의 기름까지 모두 동났다. 주유소 앞마당에는 관람객들이 돗자리를 깔고 앉았다. 기름을 실은 차가 길이 막혀 못 오니 그때까지 쉬었다 가겠다는 것이었다. 축제장 일대에서는 휴대전화가 불통이었다. 너무 많은 통화가 몰렸기 때문이다."

아찔한 일도 있었다. 함평천을 사이에 두고 행사장에는 개막식, 공연, 나비 날리기 등이 열리는 무대와 각종 부스가 있었다. 양쪽을 연결하는 하천 위로는 진흙 위에 목재와 합판을 이용해 복개한 관중석이 있었다.

그런데 개막식이 한창 진행되던 중에 관중석 한편이
내려앉기 시작했다. 예상을 초월한 관람객들이 몰려드는
바람에 버팀목이 그 무게를 견디지 못하고 지반이
약한 부분부터 내려앉기 시작한 것이다. 관람객들이
이를 알면 대혼란이 야기될 절체절명의 순간이었다.
공무원들이 신속하게 못과 망치, 각목 등을 들고 관중석
아래 하천 바닥으로 들어갔다. 각목을 더해 보강하고
못을 박는 작업이 계속되었다. 이 작업을 함께한 공무원은
체험기에 이렇게 쓰고 있다.

"얼마나 하였을까. 무대는 더 이상 무너지지 않았고
개막식은 끝이 났다. 지금 생각하면 참으로 무모한
행동이었다. 밑에 들어가서 작업을 하는 과정에서
관중석 상판이 무너졌다면 어떠했을까. 우리는 압사했을
것이다. 압사했다면 더 큰 사고인데도 불구하고 그때는
우선 관중석이 무너지지 않고 행사가 잘 되어야 한다는
생각뿐이었다."

이날 하루 동안에만 30만 명이 함평을 찾았다.
5일 동안의 축제기간에 60만 명이 함평을 다녀갔다.
대성공이었다. 함평은 그렇게 역사를 쓰기 시작했다.
첫 성공에 자신감을 얻은 함평은 프로그램과 시설을
보완해가며 축제를 발전시켰다. 문화관광부는

2004년부터 나비축제를 3년 연속 우수축제로,
그 후에는 3년 연속 대한민국 최우수축제로 선정했다.
열 번째 나비축제는 '2008 함평 세계나비·곤충엑스포'로
열렸다. 세계곤충학회로부터 공식 인정을 받고
정부의 승인을 얻어서 개최된 국제 행사였다. 이 또한
함평은 성공적으로 치러냈다. 나비축제는 국내 최고의
축제를 넘어 세계적 축제가 되었다.

함평은 나비이고 나비는 함평이라는 새로운 역사를
쓴 것이다.

참고문헌

제1부
고대 함평

「함평 장년리 당하산 유적 발굴조사보고」, 목포대학교 박물관, 2001

「선사시대의 함평」 함평군사 1, 이명헌, 2010

「함평군 문화유적분포지도」, 동신대학교 문화박물관, 2003

「함평 덕림리 백양지석묘군 발굴보고서」, 대한문화재연구원, 2014

「함평 초포리 유적」, 이건무·서성훈, 국립광주박물관, 1988

「조현종박사의 고고학 산책 – 한반도 최고의 탁월한 문화적 성취」, 조현종, 무등일보, 2020

「함평의 고분」 전남대학교박물관 학술총서 95, 전남대학교 박물관, 2006

「咸平 禮德里 古墳群 副葬 鐵器遺物의 성격과 가치」, 이범기, 함평 예덕리 고분군 사적 지정 추진 국제학술대회, 2019

「함평 금산리 방대형고분 발굴조사 중간보고서」, 전라남도 문화재연구소, 2021

「논고 함평 예덕리 신덕고분」 국립광주박물관 학술총서 제70책, 국립광주박물관, 2021

「특별전 함평 예덕리 신덕고분
비밀의 공간, 숨겨진 열쇠」,
국립광주박물관, 2021

「박해인의 새로 쓰는 마한사」, 박해인,
국학자료원, 2021

「함평지역 마한 정치체의 성장과
변동과정」 호서고고학 연구논문, 최영주,
2020

「영산강유역 고대사회의
성장과 동아시아 연안해로」, 강봉룡,
영산강유역 마한문화권 마스터플랜을
위한 국제학술대회, 2020

「고대 함평 중랑마을의 주거와 장제」,
목포대학교박물관, 2015

**제2부
삼국 - 고려시대의
함평**

「마한 백제시대의 함평」 함평군사 1,
이명헌, 2010

「용천사의 역사 - 용천사 발굴 및
정비복원계획」, 이계표, 전남대박물관,
2001

「고려시대의 함평」 함평군사 1, 이명헌,
2010

「전남지방 도요지 조사보고서」,
국립광주박물관, 1988

**제3부
조선시대의 함평**

「조선시대의 함평」 함평군사 1, 김영택, 2010

「한국사 이야기 9-15」, 이이화, 한길사, 2000

「곤재 정개청의 학문과 정치이상」, 이종범, 곤재 정개청 학술강연회, 2022

「1862년 함평 농민항쟁에 대한 재검토」 목포대 석사논문, 신영호, 2005

「함평농민항쟁」 전라남도지(全羅南道誌) 6권, 손형부, 1993

「번역 오하기문」, 김종익, 역사비평사, 1994

「동학농민군 후손 증언록 다시 피는 녹두꽃」, 동학농민전쟁 백주년 기념사업회, 역사비평사, 1994

「이대로 주저앉을 수는 없다 - 호남 서남부 농민군 최후의 항쟁」, 이이화, 혜안, 2006

「새로 쓰는 동학기행 3」, 채길순, 도서출판 모시는 사람들, 2022

**제4부
근·현대의 함평**

「일제강점기의 함평」 함평군사 1, 김영택, 2010

「노성태의 남도 역사 이야기 - 대한민국 임시정부 유일 전라도 대표 일강 김철」, 노성태, 전남일보, 2020

「함평고구마 피해보상투쟁」, 윤수정, 심미암, 2022

「학다리 50년사」, 학다리고등학교, 학다리중·고등학교, 1999

「나비의 꿈」, 박성혁, 쌤앤파커스, 2009

「우리 모두 나비였어라」 함평군 공무원들의 나비축제 체험기, 함평군, 2010

의롭고
당당한

함평 역사 이야기

초판 1쇄 발행
2024년 9월 1일

지은이
남성우

발행처
텍스토
서울시 마포구 성미산로11길 99 101호
textor.kr
contact@textor.kr

출판등록
2021년 4월 6일
제2021-000105호

편집
정효정

디자인
텍스토

인쇄·제작
가람미술

- 이 책의 저작권은 저자와 텍스토에 있으므로 무단 전재나 복제는 법으로 금지되어 있습니다.
- 정가는 뒤표지에 있습니다.
- 잘못된 책은 구입한 곳에서 교환해드립니다.

ISBN
979-11-987823-1-1
03910